SCIENCE

我与科学有个约会
QINGSHAONIAN AI KEXUE

李慕南　姜忠喆◎主编 〉〉〉〉

WOYU KEXUE YOUGE YUEHUI

及科学知识，拓宽阅读视野，激发探索精神，培养科学热情。

多彩世界万花筒

吉林出版集团
北京少年儿童出版社

图书在版编目（CIP）数据

多彩世界万花筒 / 李慕南，姜忠喆主编. —长春：
北方妇女儿童出版社，2012.5（2021.4重印）
（青少年爱科学.我与科学有个约会）
ISBN 978 － 7 － 5385 － 6310 － 8

Ⅰ.①多⋯ Ⅱ.①李⋯ ②姜⋯ Ⅲ.①科学知识 – 青
年读物②科学知识 – 少年读物 Ⅳ.①Z228.2

中国版本图书馆 CIP 数据核字（2012）第 061699 号

多彩世界万花筒

出 版 人　李文学
主　　编　李慕南　姜忠喆
责任编辑　赵　凯
装帧设计　王　萍
出版发行　北方妇女儿童出版社
地　　址　长春市人民大街 4646 号 邮编 130021
　　　　　电话 0431 － 85662027
印　　刷　北京海德伟业印务有限公司
开　　本　690mm × 960mm　1/16
印　　张　12
字　　数　198 千字
版　　次　2012 年 5 月第 1 版
印　　次　2021 年 4 月第 2 次印刷
书　　号　ISBN 978 － 7 － 5385 － 6310 － 8
定　　价　27.80 元

前　　言

　　科学是人类进步的第一推动力,而科学知识的普及则是实现这一推动力的必由之路。在新的时代,社会的进步、科技的发展、人们生活水平的不断提高,为我们青少年的科普教育提供了新的契机。抓住这个契机,大力普及科学知识,传播科学精神,提高青少年的科学素质,是我们全社会的重要课题。

　　一、丛书宗旨

　　普及科学知识,拓宽阅读视野,激发探索精神,培养科学热情。

　　科学教育,是提高青少年素质的重要因素,是现代教育的核心,这不仅能使青少年获得生活和未来所需的知识与技能,更重要的是能使青少年获得科学思想、科学精神、科学态度及科学方法的熏陶和培养。

　　科学教育,让广大青少年树立这样一个牢固的信念:科学总是在寻求、发现和了解世界的新现象,研究和掌握新规律,它是创造性的,它又是在不懈地追求真理,需要我们不断地努力奋斗。

　　在新的世纪,随着高科技领域新技术的不断发展,为我们的科普教育提供了一个广阔的天地。纵观人类文明史的发展,科学技术的每一次重大突破,都会引起生产力的深刻变革和人类社会的巨大进步。随着科学技术日益渗透于经济发展和社会生活的各个领域,成为推动现代社会发展的最活跃因素,并且成为现代社会进步的决定性力量。发达国家经济的增长点、现代化的战争、通讯传媒事业的日益发达,处处都体现出高科技的威力,同时也迅速地改变着人们的传统观念,使得人们对于科学知识充满了强烈渴求。

　　基于以上原因,我们组织编写了这套《青少年爱科学》。

　　《青少年爱科学》从不同视角,多侧面、多层次、全方位地介绍了科普各领域的基础知识,具有很强的系统性、知识性,能够启迪思考,增加知识和开阔视野,激发青少年读者关心世界和热爱科学,培养青少年的探索和创新精神,让青少年读者不仅能够看到科学研究的轨迹与前沿,更能激发青少年读者的科学热情。

　　二、本辑综述

　　《青少年爱科学》拟定分为多辑陆续分批推出,此为第一辑《我与科学有个约会》，以"约会科学，认识科学"为立足点，共分为 10 册，分别为：

1.《仰望宇宙》
2.《动物王国的世界冠军》
3.《匪夷所思的植物》
4.《最伟大的技术发明》
5.《科技改变生活》
6.《蔚蓝世界》
7.《太空碰碰车》
8.《神奇的生物》
9.《自然界的鬼斧神工》
10.《多彩世界万花筒》

三、本书简介

本册《多彩世界万花筒》展现了最早的七大奇观——从吉萨的三个金字塔到巴比伦的空中花园，从罗德斯岛上的太阳神巨像到奥林匹亚黄金与象牙的巨大宙斯神像。这里还展现了中古时期引人注目的纪念碑和建筑——从史前英格兰神秘的巨石阵，到残破而不乏辉煌的罗马大斗兽场，到传奇的中国长城。到了近代，世界奇观表现为了不起的技术奇迹，巴拿马运河、金门大桥、31 英里长的英法海底隧道以及屹立在多伦多市的加拿大国家电视塔——比帝国大厦还要高出 400 英尺，它们是新时代的奇观。大自然，好像故意要跟人类一比高低似的，珠穆朗玛峰、大峡谷、维多利亚瀑布、大堡礁乃至更多的自然奇观比人造奇观更加令人敬畏。许多让人眼花缭乱的生动照片具象地展现了过去和现在的奇观，唤起人们对永恒奇观的敬畏之情。《多彩世界万花筒》是一本激动人心的书。

本套丛书将科学与知识结合起来，大到天文地理，小到生活琐事，都能告诉我们一个科学的道理，具有很强的可读性、启发性和知识性，是我们广大读者了解科技、增长知识、开阔视野、提高素质、激发探索和启迪智慧的良好科普读物，也是各级图书馆珍藏的最佳版本。

本丛书编纂出版，得到许多领导同志和前辈的关怀支持。同时，我们在编写过程中还程度不同地参阅吸收了有关方面提供的资料。在此，谨向所有关心和支持本书出版的领导、同志一并表示谢意。

由于时间短、经验少，本书在编写等方面可能有不足和错误，衷心希望各界读者批评指正。

本书编委会
2012 年 4 月

目　　录

一、神秘莫测的宇宙奥秘

二、光怪陆离的地球奥秘

三、神奇无限的天气现象

四、令人称奇的植物世界

一、神秘莫测的宇宙奥秘

一、动真的妙处的字画摹

飞碟之谜

关于不明飞行物的研究以美国较为热度。1948 年美国空军开始将有关飞碟的报道收集存档，称作"蓝皮书计划"，至 1969 年为止共积累了 12618 次事件。1952 年 7 月和 1966 年 2 月，美国两次成立科学家小组，对这些 UFO 事件专门进行研究，两次所得结论相似。报告指出：UFO 事件中约有 90% 很容易证明是天文、气象现象，例如金星由于靠近地平线或者由于云雾的关系，形象发生畸变。其中另一些事件可以用飞机、飞鸟、气球、探照灯、热气球和其他地球上的现象解释，但是也有一部分尚无法解释。1968 年美国空军在科罗拉多大学由物理学家 E·U·康登指导，对 UFO 是否与天外来客有关进行了研究，研究的结论是否定的，康登还建议对这一问题无须再作进一步的研究。美国空军于 1969 年 12 月终止了进行 20 年之久的"蓝皮书计划。"

尽管如此，后来仍有许多人对这一现象进行系统研究。一些心理学家对 20 多年来人们关心这些事件的广泛性和持久的热情感到惊奇，探索和研究了人们希望找到地外伙伴的心理。飞碟是一个世界性的热门话题，也是一个奇异的话题。多少年来，它一直是一个神秘莫测的不解之谜。

毫无疑问，据来自世界各地的报道，有很多头脑清醒的人见过碟形之类的飞行物。它们也曾受地面和空中雷达追踪，有的被摄入普通照相机和电影摄影机的镜头？而迄今为止，人类还未曾发现来自太空的飞行物体对人类或地球造成过什么伤害。

在人们的心目中，这是一种怪异的碟状的飞行物体，在夜空中出现时还会发出多种色彩的不同寻常的光芒。它们形迹诡秘，来去无踪，令人惊叹！

许多人认为，飞碟应是来自另一个文明世界的使者，是外星人为访问地球而驾乘的一种飞船。

1871年1月，美国得克萨斯州一位名叫约翰·马丁的农民，看到空中有一个圆形的物体以惊人的速度在飞行，好像是一只漂浮的"碟子"。第二天，当地的《每日新闻》刊载了这则消息。不久，有位记者采访了马丁，他把那个飞行物称作是"飞行着的碟子"，即飞碟。接着，150多家报纸都相继作了报道，于是掀起了世界上最早的飞碟热潮。

飞碟事件首次为新闻界公开报道是在1947年6月24日。这天，美国爱达荷州博伊西城的阿诺德驾驶飞机参与搜救一架失踪的运输机，当它飞临海拔4391米的雷尼尔峰附近时，忽然发现9个像是抛出的碟子在水面上打漂的飞行物，并且构成一个交叉队形，在距他的飞机40公里处呈波浪起伏状由北向南飞速掠过。这种不明飞行物直径约30米，时速至少为1900公里。它们像是锁在一起，用一蹦一蹦的、飘忽不定的姿态在峰顶转来转去。第二天，通讯社在报道这个奇异飞行物时，形象地将其称为"飞碟"。从此，"飞碟"之名遍扬天下，成为举世瞩目的自然之谜。随着世界各地更多的不明飞行物的相继发现，科学家们便以"UFO"作为不明飞行物的代号。从那时起，世界各地发出的飞碟报告，至今估计已有7万余宗，另外还有很多并没有记录下来的。似乎从那以后，世界各地有关不明飞行物的报道层出不穷，并越来越形象，越来越离奇。目击者更是振振有词，以至引起人们巨大的困惑。

在阿诺德之后的报道中，飞碟已不再仅是白天的，还有晚间的；不再是单一碟形的，还有草帽形的、圆锥形的，圆球形的，轮胎形的，雪茄形的……千奇万状；而它们的色彩也还有红色的、橙色的、黄色的、绿色的……

看来，它们不同于寻常的飞机，也不同于地球上普通的飞行物。那么，它们应来自于天外，来自于另一个外星的世界？

面对这神秘的空中之谜，全世界群起探索，众说纷纭。人们争论的基本问题，概括起来就是飞碟是否真的存在，飞碟究竟是什么？

一种观点认为飞碟根本就不存在，所谓目击现象不过是一种"幻觉"或"错觉"。说目击者看到的可能是天文、大气现象，如流星、行星（尤其是金星）、云块、球状闪电、地震光、海市蜃楼、雷达目标以及飞机、人造卫星和其他飞行器、气球、降落伞等。1978年，美国生物学家卡拉汉和曼金用实验证明，把蝴蝶放到电场中，能够产生可见光。他们指出，蝴蝶群可以形成100公里长、25公里宽的庞大阵容，在它迁移时遇到强大气电场便能产生蓝光，这可能被目击者误认为UFO。在前苏联，有人说已经在实验室里摹拟出飞碟形象，因而把飞碟说成是一种大气的物理现象。这些说法虽然各自认为有道理，但并不能普遍解释各种飞碟现象，在不少目击者看来仍然是"牵强附会"的。

还有一种观点，认为所谓目击现象不过是欺世盗名的骗术和恶作剧。这种观点当然遭到众多目击者的强烈反对。因为目击者遍布全世界，各阶层不同信仰的男女老少都有，许多目击现象是无法否定的。

还有人认为飞碟可能是某些超级大国正在研制的一种"秘密武器"；说飞碟就是"飞碟"；说可能是外星文明生物发射的飞行器。

为了证明飞碟是来自其他星球的飞船，一些研究者试图以某些历史痕迹说明在远古时代就有外星飞船在地球着落，并以此说明现代飞碟就是地球以外飞来的使者，等等。

关于飞碟的传闻，虽然科学家进行了艰苦的探索，但众说纷纭，至今谜仍然未能解开。

总之，飞碟（UFO）是当今世界科学上的四大奇谜之一。

学者们认为，如果确有人类以外其他文明存在，那么，如今人类完全有能力与他们取得联系。呼吁者强调，"其他天体上可能有智慧生物"这一假设必须以严格的科学态度来加以论证，必须用射电望远镜接收可能来自外空的讯号。目前在美国、法国等国家都建立了这类监测设施，然而，至今毫无所获。

面对浩瀚无垠的宇宙，科学家们认为，地球以外的其他星球，文明可能极其罕见，他们的通信方式并不一定和我们的一样，因此很难发现他们的讯息。此外，外星人也可能在达到某种先进的技术水平以后自行毁灭了，他们的踪迹也就无从寻觅了。

虽然长期探索飞碟和外星人的研究没有得到最终结论，但是，人们并不灰心，继续努力，不断前进。随着科学技术的发展，社会的进步，文明水平的提高，人们终将揭开飞碟和外星人之谜。

中国上空的不明飞行物

UFO 这个神秘莫测的"不速之客"在茫茫宇宙中飘然而来，又悄然离去，不知引起了多少人的兴趣和关注。

它也频繁地出现在中国的上空。成千上万的中国人亲眼目睹过它诡秘的行踪。

1977 年 7 月 26 日晚，著名诗人流沙河正在成都家中从事翻译，忽听堂妹呼唤他去看户外空中一个不明飞行物体，他急跑出去，远远地看见西北方的天空中有一条发光的螺旋形的烟雾，其形状好像一盘蚊香，中心是一个亮点。烟雾自中心亮点向外作螺旋线引出约 3 圈后缓缓向西北方向飞去。当时正在成都出差的云南天文台的张周生也看到了这一奇景。

特别应该提到的是新疆地质考察队员赵子允的目击报告。赵子允曾 20 多次到天山南北考察地质，在野外看见过卫星、原子弹和氢弹爆炸、导弹飞行、二级火箭壳和三级火箭的脱落自爆和点燃、民航机及战斗机的飞行。但他说，这些现象都和他在 1965 年 8 月的一天夜晚在新疆奇台县卡拉美丽山以南见到的 UFO 截然不同。

那天晚上 10 点 30 分左右，忽然看见一个脸盆大的发着蓝光的火球由西向东缓慢飞来。当它飞到卡拉美丽山上空时，呈弹道抛物线往下降落，落到地面时弹起 10 多米高，复又落下，腾起一片火海，照亮了大片夜空。他们立即测定火球降落的方位，并认为是人造卫星溅落地面时引起的大火。第二天拂晓，赵子允和电报员李太谦按测定的方位追寻，直至 20 公里以外也未发现有卫星溅落的痕迹。当地部队接到他们的报告后在附近大面积范围内仔细寻觅，同样没有发现异常情况。值得庆幸的是，他们在卡拉美丽山采集到的天然重砂中淘洗出了天外来物——宇宙尘埃。这是由具有 20 多年鉴定经验的夏桂盛经过严格的化验以后得出的结论。但它是否与他们所见到的"火球"有关，尚无定论。

1981 年 7 月 24 日晚 10 点 30 分，在青海省大柴旦镇考察青藏高原自然景观的中国和联邦德国的联合考察队在观测天气时，德国气象学家特洛尼亚博士和中国科学院兰州冰川冻土研究所的研究员李烈，以及青海高原生物研究所的研究员黄荣福一起看到了一个发光体。这个发光体呈长筒圆木状，长 15 米以上，筒的两端喷射着强烈的光束，光束可见长度约 200 多米。整个飞行物体被光包围着，从发现到消失长达 15 分钟之久。

1982 年 6 月 18 日深夜，华北某军用机场上空正在进行夜航训练。21 点 55 分，飞行员刘世辉驾驶着单机在正常飞行，这时空中只有少量淡积云，能见度良好，他与地面联系的声音也很清楚。5 分钟后，当他飞过第一个转弯点朝着第二段航向飞去时，耳机里传来的塔台指挥员的声音变得细弱了，而且还有很明显的噪声相干扰，无线电上的罗盘已不再指向机场导航台，而指向右前方 30 度的位置。起初，他以为是积雨云放雷电，然而在视觉范围内并未发现异常现象。为了排除干扰，他把飞机由 6000 米的高度升到了 7000 米，但仍然没发现天气有变化。耳机里的噪音也丝毫未减。

22 点 6 分 50 秒，当飞行到距离一个叫商都的地方 10 公里时，他从飞机右前方 50 度的方位上猛然发现地平线下有一个像月亮似出非出时的明亮的物体，刹那间变成了一道略微下垂的光束，其形状好像正在开着的汽车前灯。大约半分钟后，光束全部消失，随即出现了一个拳头大小的橘黄色的球体，如同一轮明月，在刘世辉的右侧冉冉上升，并逐渐变大变亮。又过了约 10 秒钟，这个球体突然向刘世辉高速旋转而来，并且在旋转飞行过程中产生出一圈圈呈波纹状的光环，用肉眼可以明显地分辨出它的橘黄、浅绿和乳白三种光色。这球体向他扑过来，就在马上就要碰撞他的头顶时发生了突变，光环中间带有火焰的橘黄球体像手榴弹一样炸开了（但无弹片），继而出现了一个半圆状体。这个半圆体急剧膨胀，迅速扩展，静止不动地悬浮在空中。这时，刘世辉向塔台紧急呼叫，但却听不到回答，耳机里的噪音非常大。他把飞机又上升到8000米，试图飞越这个物体，但无法奏效。他决定立即返航。

当飞机返抵离机场40公里时，无线电罗盘指示和无线电联络才恢复正常。最终，刘世辉安全着陆。他落地后还模糊地看到那物体渐渐消失的轮廓。

几乎在刘世辉与UFO相遇的同时，在附近地区驾驶双机作编队飞行科目训练的驾驶员、地面指挥塔上的指挥员、当时正在塔台上的飞行员、航医和机场上的200多人，都分别在空中和地面真切地看到了UFO。

1988年3月18日，由北京飞往乌鲁木齐的航班在飞临哈密七角井上空时，飞行员发现右前方有一篮球大小的光球，放射探照灯一样的强光束与飞机相对而行，约3分钟后，光球向北飞去。变成两个形状不同的发光体，一个呈小圆形，一个呈豆角形，它们高速飞行，发着绿色的光。这就是轰动一时的新疆"3.18事件"，也是我国近年来一宗大的飞碟事件。其实早在1968年，新疆知识青年就发现过一直径不小于篮球的火球降落在沙丘之上，发着红光，当他们朝它冲去时，这个火球拔地而起，向北飞去，知青们发现它的着陆处有5个支撑点的圆洞，中间有一椭圆形烧焦的砂石。1979年新疆一飞行员也发现飞机的左上方有一圆盘形发光体，盘的两端突起两个角，它推进自如，最后向东北方向飞去。我国新疆地区是发现UFO较多的地区，所以法国飞碟专家迪朗曾经猜测天山山脉中有一个外星人的基地。

据不完全统计，从1978年到现在，中国各地上空大约出现了近2000起UFO现象。从国内出版的《飞碟探索》杂志刊登的大量的目击报告来看，包括台湾省在内的中国的所有省份都有人发现过不明飞行物。

月亮上的"建筑物"

月球是地球黑夜时的光明使者，那皎洁如玉的月光，笼罩着诗一般的气氛。自古以来，它激发了人们多少美妙的想象。嫦娥奔月、吴刚伐树、玉兔捣药，虽说"高处不胜寒"，却也"别有天地开"。然而，当代科学对于月球环境的了解，则会令古人大失所望的：这里是一个极端死寂和干燥的荒凉世界，布满了大大小小的坑穴（环形山）：月球表面有日照的地方可达摄氏127度，夜晚则降到零下183度。

近年，有关宇宙探测器对于月球秘密的意外发现使科学家们产生了种种怀疑和推测。

1969年7月~1972年12月，在美国执行"阿波罗"登月计划的过程中，宇航员拍下了一些月面环形山的照片，从这些照片上看，环形山上分明留有人工改造过的痕迹。

例如，在戈克莱纽斯环形山的内部，可以看出有一个直角，每个边长为25公里；在地面及环壁上，还有明显的整修痕迹。更为独特的是有一座环形山，它的边缘平滑，过于完整；环内呈几何图形，有仿佛是划出来的平分线，在圆周的几何中心部位，有墙壁及其投影。该山外侧有一倾斜的坡面，其形状有如完整的正方形，在正方形内有一个十字，把正方形等分成对称的各部分。

其实，有关月球的多种令人不解现象，人类在近200年间对月球的观测过程中，已被陆续发现。

1821年底，约翰·赫谢尔爵士发现月球上有来历不明的光点。他说，这光点是同月球一起运动着，因而它绝不可能是什么星星。

1869 年 8 月 7 日，美国伊利诺伊州的斯威夫特教授与欧洲的两位学者希纳斯和森特海叶尔，观察到有一些物体穿越了月球，发现"它们仿佛是以平行直线的队形前进的"。

1867 年被天文学界宣布消失的静海的林奈环形山，在原消失地竟出现了一个白色的直径达 7 公里的奇异光环。有的学者提出，这种情形可能意味着有什么透明物质覆盖了某种基地。

1874 年 4 月 24 日，布拉格的斯切·里克教授，观察到一个闪着白光的不明物体缓缓地穿过了月球，并从那里飞出。

1877 年 11 月 23 日夜晚，英国的克来因博士和在美国的一批天文学家，惊愕地看到一些光点从其他环形山集中到柏拉图环形山中，这些光点穿越了柏拉图环形山的外壁，在山的内部会齐，并且排列成一个巨大的发光三角形，看来很像某种信号的图案。

1910 年 11 月 26 日发生日食时，法国和英国的科学家分别观测到"有一个发光的物体从月球出发"，"月亮上有一个光魔"。据当年观测者的描述，日蚀过程中月亮上出现的物体形似现在的火箭。

1953 年 12 月 21 日，英国天文协会月球部主任威尔金斯博士在广播谈话中透露：在月面的危海地区观察到了大量的"圆屋顶"。这些半圆形的"建筑物"呈耀眼的白色，它们中最小的直径也有 3 公里。

莫杰维耶夫博士说："我们完全不明白这是怎么回事，而我们也相信美国方面和我们一样，无法解释这件事。"唯一的推测，就是活动在地球之外的超级智能力量支配美制轰炸机在月球上的出现与隐没。更多的线索，可能是地球上的人们所想象不到的。

围绕地球卫星——月球所出现的一系列无法解释的现象，科学界中的有识之士已警觉到：地外智能力量正在"使用"月球。

来自月球的"钟声"

地理、天文常识告诉我们，自然形成的天体几乎都是实心的。只有人造天体、卫星、宇航器才可能是空心的。天体究竟是空心还是实心，当然，人们不能用天平去称，也不能用阿基米德浮力定理将之放入海洋中去称量。唯一的办法就是用更为先进的仪器手段去测量（比如测量共振频率，共振时间持续长短，或用无线电波探测等方法），下面我们来看看月球的实际情况。

1969 年，在阿波罗 11 号探月过程中，当两名宇航员回到指令舱后 3 小时，"无畏号"登月舱突然失控，坠毁在月球表面。离坠毁点 72 公里处的早先放置的地震仪，记录到了持续 15 分钟的震荡声。如果月球是实心的，这种震波只能持续 3 分钟 5 分钟。欧、美报纸亦曾报道"月球钟声"，说登月舱在首次和以后几次起飞时，宇航员们听到钟声。那儿并无教堂，月球外壳（特别是背面）像是特种金属制品，整个月球犹如一口特大的铜钟。这一现象证明月球是空心的。

1969 年 11 月 20 日 4 点 15 分由"阿波罗"12 号制造了一次人工月震，其结果充分说明月球是中空的。细节如下：

美国宇航员以月面为基地设置了高灵敏度的地震仪，通过无线电波能将月震资料发送回地球。其中一台由"阿波罗"12 号的宇航员设置在风暴洋。设在月面的地震仪十分精密，比在地球上使用的地震仪灵敏度高上百倍，它能测出人们在月面造成的震动的百万分之一的微弱震动，甚至能记录到宇航员在月面上行走的脚步声。人类首次对月球内部进行探测起于"阿波罗"12号。当宇航员乘登月舱返回指令舱时，用登月舱的上升段撞击了月球表面，随即发生了月震。这使正在进行观测的美国航空航天局的科学家们惊得目瞪口呆：月球"摇晃"震动 55 分钟以上，而且由月面地震仪记录到的月面"晃动"曲线是从微小的振动开始逐渐变大的。从振动开始到消失，时间长得令人难以置信。振动从开始到强度最大用了七八分钟，然后振幅逐渐减弱直至消失。这个过程用了大约 1 个小时，而且"余音袅袅"，经久不绝。

"阿波罗" 13 号人工月震获得长达 3 小时的振动。在"阿波罗" 12 号造成"奇迹"后，"阿波罗" 13 号随后飞离地球进入月球轨道，宇航员们用无线电遥控飞船的第三级火箭使它撞击月面。当时的撞击相当于爆炸了 11 吨 TNT 炸药的实际效果，撞击月面的地点选在距离"阿波罗" 12 号宇航员设置的地震仪 87 英里的地方。

月球再次震撼了。如用地震学上的术语说："月震实测持续 3 个小时"。月震深度达 22 英里~25 英里，月震直到 3 小时 20 分钟后才逐渐结束。这种"月钟"长鸣如果用"月球——宇宙飞船"假说来解释就很自然。这种月震就在预料之中。月球是一个表面覆盖着坚硬外壳的中空球体，如果撞击那个金属质的球壳，当然会发生这种形式的振动。

"阿波罗" 13 号之后，进行月震实验的是"阿波罗" 14 号的是 S—14B 上段，仍采用无线电遥控的方式使其撞击月面。月球像预料的那样再次震颤起来。据美国航空航天局的科学报道说，月球对撞击的反应就像一个铜鼓被敲击，振动持续了 3 个多小时。

这次月震实验的地点距"阿波罗" 14 号的宇航员设置的地震仪有 108 英里远。当"阿波罗" 14 号的宇航员们乘登月舱返回"小鹰"号指令舱时，"月钟"仍在震响。上升段自重 4850 磅，当时对月面撞击造成的效果相当于爆炸了 1600 磅 TNT 炸药，振动足足持续了 90 分钟。

美国航空航天局的科学报告说："设在月面两个地点的地震仪都同时记录

到撞击月面一瞬间的震动。这次小小的月震，开始了科学的新时代，不管是人为的还是自然的。"

"阿波罗" 15 号在 14 号之后接着又作了人工月震试验。使用的地震仪是"阿波罗" 12 号、14 号和 15 号的宇航员设在哈德利·亚平宁地区的 3 台地震仪。"阿波罗" 15 号制造的月震，最远传到了距撞击地点 700 英里远的风暴洋。如果用同样的方式在地球上制造地震，地震波只能传播一二公里，也绝不会出现持续 1 小时之久的振动。这次月震甚至还穿过风暴洋到达设在弗拉·摩洛高地的地震仪。试验表明，地球（地表下由地壳和岩浆组成的实心体）在地震时所发生的反应与月球在发生月震时的反应是完全不同的。地震研究所的主任研究员莱萨姆认为，这种长时间振动现象在地球上是绝对不会发生的。这显然是由于地球和月球的内部构造不同造成的。

几次人为的月震试验和根据月震记录分析，都得出了相同的结论：月球内部并不是冷却的坚硬熔岩。科学家们认为，尽管不能得出月球这种奇怪的"震颤"意味着月球内部是完全空洞的结论，但可知月球内部至少存在着某些空洞。如果把月震测试仪放置距离再远一些，就可得出月球完全中空的结论。

根据上述事实，前苏联天体物理学家米哈依尔·瓦西里和亚历山大·谢尔巴科夫大胆地提出"月球是空心"的假说，并在《共青团真理报》上指出："月球可能是外星人的产物。15 亿年以来，月球一直是外星人的宇航站。月球是空心的，在它的表层不存在一个极为先进的文明世界。"如果月球里面确实空心，且有外星人居住，则月球来到地球旁应比地球产生晚 25 亿 ~ 30 亿年。但这个结论还有待考核，因为从宇航员由月球上带回来的岩石标本看，又证明岩石中有 70 亿年前生成的证据，这比地球和太阳年龄（46 亿年）还古老。这里奥妙何在？尚待研究。

火星上的"警报器"

现代探测表明，火星表面所以呈红色，是由于火星大气能够发出红外线激光，使火星形成一个巨大的气体激光器。火星地表亦富含氧化铁而呈红色。

多少年来，人们一直幻想着"火星人"的存在，但实际上，火星远不具备地球上的生存环境。这里的大气极其稀薄，只相当于地球3万米高空的大气；同时大气成分以二氧化碳为主，而且异常干燥。火星赤道地区全年平均气温仅达到－15℃。春季的大风暴异常猛烈，可在火星上空形成经久不散的、面积极大的"大黄云"。火星表面类似月球，球形山密布，大约有几万座。

经过地球人的探测努力，尽管未能发现"火星人"的现实踪影，但从"人面石"到金字塔等古建筑物的发现，已经表明火星上确有文明遗迹的存在。而最先为揭示火星文明秘密提供证据的，是美国于1976年发射的火星探测器"维京1号"。

同年7月31日，"维京1号"拍下了著名的火星表面照片，这就是火星"人面石"照片。从照片上看，一处巨大的建筑犹如五官俱全的人脸仰视着天空。该照片受到了美国宇航局的重视，为此还成立了由3名技术人员组成的专门研究小组，来分析这令人莫名其妙的画面，以鉴别是否属于自然侵蚀或自然光影所致。

专门研究小组成员采用计算机最新的处理技术对火星"人面石"照片进行分析。他们认定："人面石"是修建在一个极大的长方形台座上，刻有轮廓分明鼻子以及左右对称的眼睛，还有略张开的嘴巴。"人面石"全长（从头顶至下巴颏）为2.6公里，宽度为2.3公里。

美国宇航局共存有6张火星"人面石"的照片，这是当初"维京1号"

在不同的时间、从不同的角度拍摄的同一物体。此外，从这些照片上还发现有类似金字塔的火星古建筑，它们地处"人面石"西南向约 16 公里处，其边长是埃及金字塔的 10 倍、体积超过其 1000 倍。它们对称排列在"人面石"的对面：除了塔形建筑，还有其他形状的一些建筑。

门森德·伊比特罗是美国宇航局电子工程技师，也是专门研究小组的成员之一。他在介绍对火星"人面石"的检测情形时说："眼睛部分里面有眼球，也就是有瞳孔。眼睛部分经用计算机进行处理分析，看出内部面积很大。越往外越狭小，明显地能看出刻有半球似的眼珠。更有趣的是，仔细一看眼睛下方还刻有像眼泪似的东西。这意味着什么就弄不明白了。

专门研究小组对于"人面石"照片上出现的塔形物体和排列在其附近的人工建筑物，也进行了放大处理和仔细分析。分析结果表明，火星上的金字塔和埃及金字塔相同，都是面向正北方修建的。研究人员还在照片上发现，在类似古代都市遗迹的建筑物和金字塔群附近，有人工修建的城堡似的墙壁向前延伸。其墙壁的一面长达 2 公里，呈 V 字形耸立。从形式上看，就像地球上的古城堡似的，不知用途何在。

对于火星上出现人工建筑物的事实，由于有已向公众公开过的火星"人面石"照片为证，是不容否认的了。前不久，美国加利福尼亚州和马萨诸塞州的一些火星研究专家，将他们从旧资料堆中偶然发现的一组有趣的火星照片公布在报纸上。这些照片都是 1976 年由"维京 1 号"、"维京 2 号"探测器在飞临火星上空时成功地摄取下来的，只是因为当时照片太多而被积压下来。在这些拍摄于 10 多年前的火星照片上，人们可以看到一尊尊石头人像（眼、鼻、口甚至头发都清楚可辨）；一座座高耸的金字塔；一片片类似城市废墟的奇迹。

显然，在久远的火星历史上，曾有过智能生物的大规模的文明活动。那么，这些智能生物究竟源于火星本土、还是来自于火星之外的世界呢？对此，没有任何可供追究与探索的凭据。不过，应该肯定的一点是：火星的自然环境已发生过不可逆转的悲剧性演变。

据美国宇航局的科学家们的调查分析，在距今 5 亿年前，火星上不仅有辽阔的海洋和大陆，而且空气同地球上一样湿润，空气成分也同现在的地球几乎相同，因此很可能存在与人相似的生物。在一次记者招待会上，美国宇航局艾姆斯研究中心的火星问题专家说："火星上的水，比一般人一度所认为的要多得多，而且火星上仍发生类似地球上的季节变化。火星的水，足够填满一个 10 米～100 米深的海洋。"

尽管对于有关火星残存生态环境的情报，美国与原苏联都采取了秘而不宣的态度，但既然美国科学家已说明火星上发现了大量水的存在，那么显而易见，作为水的载体，河流海洋以及其间鱼类等生物的存在，也就不是不可能的了。

最近，美国宇航局宣布说，在处理和分析火星照片时，发现有的照片上出现了三角形的"怪物"，火星上的这些"怪物"显然是会移动的。它们究竟是生物变异的产物，还是某种机械装置呢？难以判明。

不过，无论怎样说，如今火星上的智能生物或者说火星人早已不存在了。那么，这些在火星上留下了众多的石头建筑杰作的智能生物到底哪里去了呢？难道火星"人面石"的眼泪是在说明火星主人的命运悲剧么？

1989 年，瑞士天文学家帕沙向报界披露了有关火星"人面石"的新的内幕消息：火星上的巨型人面建筑是报警的象征。它的内部装有一部电视发射机，它至少在几万年前已向地球不断地发出一项不祥的警告。据说，该电波显示了数以 10 万计的人死在街上的惨景，似乎表明火星蒙受了一场灭顶之灾，使得火星人个个面黄肌瘦并死于饥饿和干渴。

帕沙提到，来自世界各地的 50 位科学家已看过这段触目惊心的电视片，而苏联和美国的科学家看到该片已逾两年，其中不足 90 秒的部分清晰而没有受到干扰。

这是耸人听闻么？

美国宇航局成立的火星"人面石"特别研究小组成员认为：古代火星人的灭亡确实是由于遭遇到了某种灭顶之灾，而这种灾难可能来自于大气臭氧

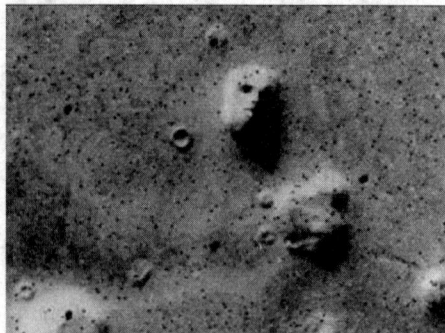

层的破坏。门森德·伊比特罗结合地球南极出现臭氧空洞的实际说：

"臭氧层一旦破损，来自太阳的有害紫外线，就会直射到地球上，地球上的生物就会发生皮肤癌，也许很快就会死亡。而更可怕的是，这些有害的紫外线，会把水分解成氢和氧。结果，分量轻的氢气，会逃往宇宙空间，长此以往，水就会消失。留下的氧，会使土地酸化，使地表的颜色变红。火星上人工建筑的眼泪，也许就是向整个宇宙生物发出的警告。"

格里古利·林耐尔也认为："如果现在我们人类不立即停止排放废气，防止臭氧层遭到破坏，那么，我们不久就会走向与火星相同的命运。"

无须赘言，火星巨型人面建筑的眼睛及其古老的电波讯息，既是对昨日火星不幸灾变的纪念，也是对今朝地球可能命运的警示，并非杞人忧天。为了防止地球文明重蹈火星文明的覆辙，地球人类必须对此有所准备。

从这个意义上说，1989 年 7 月 20 日，美国总统布什所宣布的将建成以月球为基地的实现载人飞访火星的宇宙计划，其内涵是不言而喻的。

火星上的水

　　1964 年～1977 年，美国对火星发射了"水手号"和"海盗号"两个系列共 8 个探测器。1971 年 11 月，"水手" 9 号对火星全部表面进行了高分辨率的照相，发现了火星上有宽阔而弯曲的河床。不过，这些河床与轰动一时的运河完全是两回事。这些干涸的河床，最长的约 1500 公里，宽达 60 公里或更多。主要的大河床分布在赤道地区，大河床和它的支流系统结合，形成脉络分明的水道系统。还可以观测到呈泪滴样子的岛、沙洲和辫形花纹，支流几乎全部朝着下坡方向流去。科学家们分析，只有像水那样的少粘滞性流体才能造成这种河床，这是天然河床，绝不是"火星人"的运河。那么，火星上的河水流到哪里去了呢？这便成了当代"火星河之谜"。

　　今天的火星表面温度很低，大部分水作为地下冰存在于极冠之中。极稀薄的大气，使得冰在温度足够高时只能直接升华为水蒸气，自由流动的河水是无法存在的。

　　火星河床说明，过去的火星肯定与今日的火星大不相同。有一种假说认为，在火星历史的早期，频繁的火山活动喷出了大量气体，这些太厚的原始大气曾经使火星表面温暖如春，成了冰雪融化、河水滔滔的景色。后来火山活动减少，火山气体逐渐分解，火星大气变得稀薄、干燥、寒冷，从此，河水干涸，成为一个荒凉的世界。

　　另一种假说认为，在火星历史的早期，自转轴的倾斜度比现在更大，因而两极的极冠融化，大量二氧化碳进入大气，大量的水蒸发并凝成雨滴在赤道地区落下，形成河流。

　　当然，对于火星河流的形成还可以提出更多的猜想与假说。然而，科学家们最关心的问题是：滔滔的河水跑到哪儿去了？有人提出，从巨大的江河到今日滴水皆无，这说明火星的气候发生了根本的变化。

金星上城市废墟之谜

1988 年，前苏联宇宙物理学家阿列克塞·普斯卡夫宣布：发现了火星上的"人面石"同样也存在于金星上。

据人类目前所知，金星的自然环境比起火星来要严酷得多。金星表面温度可达到近 500℃，它的大气层中含 90% 以上的二氧化碳，空气中还经常落下毁灭性的硫酸雨，特大热风暴比地球上 12 级台风还要猛烈数倍。1960 年 ~ 1981 年以来，美苏双方共发射近 20 个探测器，仍未认清浓厚云层包裹下的金星真面目。

对于金星秘密的最重要发现，是由前苏联科学家尼古拉·里宾契诃夫在比利时布鲁塞尔的一个科学研讨会上披露的。1989 年 1 月，苏联发射的 1 枚探测器穿过金星表面浓密的大气层用雷达扫描时，发现金星上原来分布有两万座城市的遗迹。

起先，科学家们见到这些传回地球的照片，以为上面出现的城市废墟可能是大气层干扰造成的幻象，或是仪器有问题。但经过深入分析后，他们发觉那确是一些城市遗迹，由一种绝迹已久的智能生物留下来的。

里宾契诃大博士在会上说："那些城市全散布在金星表面，如果我们能知道是谁建造它们就好了……并留下了一个伟大文化遗迹证明它。"

这位前苏联科学家具体介绍说："那些城市以马车轮的形状建成，中间的轮轴就是大都会所在。根据我们估计，那里有一个庞大公路网将它们所有城市连接起来，直通向它的中央。"他说："那些城市皆是倒塌状态，显示出它们已建成有一段极长的日子，……目前那里没有任何生物，所以最保守的估计，就是那里的生物已死了很久。"

由于金星表面的环境太坏，派宇航员到那里实地调查根本就不可能。但里宾契诃夫博士表示说，前苏联将不惜代价，用真人探险飞船去看清楚那些城市面貌。

美国发射的探测器也发回了有关金星城墟的照片。经过全面的辨认，那两万座城市遗迹完全是由"三角锥"形金字塔状建筑组成的。每座城市实际上只是一座巨型金字塔，全部都有门窗，估计出入口可能开设在地下；这两万座巨型金字塔摆成一个很大的马车轮形状，其间的辐射状大道连接着中央的大城市。

研究者认为，这些金字塔式的城市可昼避高温，夜避严寒，再大的风暴也奈何它不得。

联系到金星上发现的作为警告标志的垂泪的巨型人面建筑——"人面石"，科学家们不得不把金星与火星看成是一对经历过文明毁灭命运的"患难姊妹"。据推测，800万年前的金星经历过地球现今的演化阶段，应该有智能生物存在。但由于金星大气成分的变化，使二氧化碳占据了绝对优势，从而发生了强烈的温室效应，造成大量的水蒸发成云气或散失，最终彻底改变了金星的生态环境，导致生物绝迹。

倒塌的金星城市中，究竟会隐藏着怎样的更加难以捉摸的秘密呢？这只有等待人类未来的实地探测了，但愿这一天并不遥远。

迄今为止，人们在月球、火星、金星上都发现了文明活动的遗迹和疑踪。甚至在距离太阳最近的水星的阴面发现过一些断壁残垣。金字塔式的建筑则使地球、月球、火星、金星构成一种互为联系的文明系统。这就使人有理由相信，太阳系的文明发展史绝非起源于地球，它的鼎盛时期已出现于地球之前，而延续到地球这里的，地球将是太阳系文明的终结史。

不过，这丝毫不妨碍世世代代的地球人类去为创造一个全新的黄金般的文明而努力，这毕竟只是太阳系中独存的文明硕果了。

地球转动之谜

众所周知，地球在一个椭圆形轨道上围绕太阳公转，同时又绕地轴自转。由于这种不停地公转和自转，地球上才有了季节变化和昼夜交替。然而，是什么力量驱使地球这样永不停息地运动呢？地球运动的过去、现在、将来又会怎样的呢？

人们最容易产生的错觉，是认为地球的运动是一种标准的匀速运动，否则，一日的长短就会改变。伟大的牛顿就是这样认为的。他将整个宇宙天体的运动，看成是上好发条的机械，准确无误，完美无缺。

其实，地球的运动是在不断变化着的，而且极不稳定。根据"古生物钟"的研究发现，地球的自转速度在逐年变慢。如在4.4亿年前的晚奥陶纪，地球公转一周要412天；到4.2亿年前的中志留纪，每年只有400天；3.7亿年前的中泥盆纪，一年为398天；到了1亿年前的晚石炭纪，每年约为385天；6500万年前的白垩纪，每年约为376天；而现在一年只有365.25天。天体物理学的计算，也证明了地球自转正在变慢。科学家将此现象解释为，是由于月球和太阳对地球的潮汐作用的结果。

石英钟的发明，使人们能更准确地测量和记录时间。通过石英钟计时观测日地的相对运动，发现在一年内地球自转存在着时快时慢的周期性变化：春季自转变慢，秋季加快。

科学家经过长期观测认为，引起这种周期性变化的原因，与地球上的大气和冰的季节性变化有关。此外，地球内部物质的运动，如重元素下沉向地心集中，轻元素上浮、岩浆喷发等，都会影响地球的自转速度。

除了地球的自转外，地球的公转也不是匀速运动。这是因为地球公转的轨道是一椭圆，最远点与最近点相差约 500 万公里。当地球由远日点向近日点运动时，离太阳越近，受太阳引力的作用越强，速度就越快。由近日点到远日点时则相反，运行速度减慢。

还有，地球自转轴与公转轨道并不垂直；地轴也并不稳定，而是像一个陀螺在地球轨道面上做圆锥形的旋转。地轴的两端并非始终如一的指向天空中的某一个方向，如北极点，而是围绕着这个点不规则地画着圆圈。地轴指向的这种不规则，是地球的运动所造成的。

科学家还发现，地球运动时，地轴向天空划的圆圈并不规整。就是说地轴在天空上的点迹根本就不是在圆周上的移动，而是在圆周内外做周期性的摆动。

由此可以看出，地球的公转和自转是许多复杂运动的组合，而不是简单的线速或角速运动。地球就像一个年老体弱的病人，一边时快时慢、摇摇摆摆地绕日运动着，一边又颤颤巍巍地自己旋转着。

地球还随太阳系一道围绕银河系运动，并随着银河系在宇宙中飞驰。地球在宇宙中运动不息，这种奔波可能自它形成时便开始了。

就现在地球在太阳系中的运动而言，其加速或减速都离不开太阳、月亮及太阳系其他行星的引力。人们一定会问，地球最初是如何运动起来的呢？未来将如何运动下去，其自转速度会一直变慢吗？

也许，人们还会问，地球运动需要消耗能量吗？若是这样，它消耗的能量又是从何而来？它若不需消耗能量，那它是"永动机"吗？最初又是什么使它开始运动的呢？存在着所谓第一推动力吗？

第一推动力至今还只是一种推断。牛顿在总结发现的三大运动定律和万有引力定律之后，曾尽其后半生精力来研究、探索第一推动力。

他的研究结论是：上帝设计并塑造了这完美的宇宙运动机制，他给予了第一次动力，使它们运动起来。而现代科学的回答是否定的。那么，地球，乃至整个宇宙的运动之谜的谜底究竟是什么呢？

地核转动之谜

前苏联一位名叫帕·切尔卡申的研究人员，根据计算认为，地核的旋转速度要比其外壳快上许多倍。看来，这一假设颇有些不平常。物理学家、行星学家以及像动力学这样一些技术领域的专家，都对这一大胆假设很感兴趣。

早在 4 个世纪以前，伽利略就确定了自由落体加速度。牛顿发现万有引力定律也已有 300 年了。然而对重力加速度的物理本质，现代科学至今未能做出令人满意的回答。

根据爱因斯坦广义相对论方程，可以得出引力波存在的可能性。这种引力波也许有助于问题的解决，但是经过几代科学家们的努力，这种引力波始终未能发现，因此直到目前都不能不承认，那些怀疑引力波存在的观点仍然是强有力的。

帕·切尔卡申根据理论推算，提出了一种假设：地核旋转速度比其外壳（地幔）快 16 倍。他认为自由落体加速度的物理本质正蕴涵于这一理论之中。根据他的计算，如果地球表面旋转速度为每秒 0.465 公里，那么根据已知的地核地质半径推算，地核表面的旋转速度应为每秒 4.3 公里。在近地低轨道上飞行的人造卫星，也是以与地核相同的角速度旋转的。

按照这一假设，人们可以对地球电磁场产生的机理做出有趣的解释。地球模型的剖面看上去很像发电机：地幔是定子，地核是转子。于是人们就想，假如地球是一部巨型发电机，那么当人们找到了通向地核的方法以后就可以获得取之不尽、用之不竭的能源。

设想一下，有这样一个未来的电站：巨大的超导电缆从四面八方通向电站；电站附近没有水坝，也没有冒烟的大烟囱；电站厂房内没有涡轮机、锅炉、原子反应堆，也没有热核装置……巨大的电能直接由地核产生……那么，世界上只有几个这样的电站，就可以保证全球用电了。当然，这一切在今天还只不过是想象而已。

不过，帕·切尔卡申的假设可以回答这样一个问题：为什么一些天体没有磁场？答案很简单：要么是天体核的旋转速度不足以产生磁场，要么是天体根本就没有核。

从行星学角度看，帕·切尔卡申的假设是很有意思的。它有助于在理论上确定地球以及太阳系所有其他行星核的半径、质量、密度、转速以及其他一些参数。总的讲，这些计算与目前科学研究所得出的结果是一致的。

如果帕·切尔卡申的大胆假设得到了验证，那么它就可以用来解释自由落体加速度和引力常数的物理本质。它们将与光速、电荷单位、哈勃常数以及其他一些量并列为物理学的主要基本常数。

现代科学证明，太阳动量矩中占所有行星总动量矩的2%。显然，这里动量矩与守恒定律是不相符的。帕·切尔卡申的假设可以解释这一矛盾现象。根据他的假设，不足的动量矩完全出于太阳核心，它的转速比其外层要快上218倍。顺便提一下，根据帕·切尔卡申的计算得出的太阳核心的旋转周期，与通过试验确定的太阳光的脉冲周期2小时40分是一致的。

当然，帕·切尔卡申的假设也带来了许多问题，例如，什么力量使地核旋转？为什么这一转速后来不传给地幔？为什么？为什么？……是啊，不正是因为这些"为什么"帕·切尔卡申的观点才叫做假设吗？要知道，正是这样一些假设常常给人们带来新的发现，而人类需要发现的东西又是何其多呀！

地心吸引力改变之谜

1665 年，牛顿见苹果从树上掉到地下，正好要 1 秒钟，如今却要 1 秒多。住在地球两面的朋友，距离也一年比一年远。虽然这三种差异都微乎其微，分别约为 28% 盎司、一亿分之二秒和五十分之一时，但是全部千真万确，而且有关联。

要解释这三件事的关系，得从 20 世纪 30 年代说起。当时，天文学家查阅过去数百年来的观测记录，发现一个惊人现象，就是地球上的 1 天在不断延长，大约每 100 年延长 1/5 秒，这一点也经化学家研究证实。化石学家研究 4 亿年前的珊瑚生长方式，推断当时每年约有 400 天之多。那时地球自转速度比现在快，所以每天的时间略短。

数学家认为，地球自转减慢起因于月球对地球的引力作用，他们提出的数据却不能完全解释减慢的现象。1938 年，英国物理学家狄雷克指出，从宇宙规律可做出一个令人惊异的预测，就是引力会随宇宙的衰老而衰减，从而导致地球在膨胀。

狄雷克这个推论，过去一直被视为无关紧要的科学趣谈。直到 1970 年，地质学家得到大量证据证明地球原先的体积是现时在 8/10，科学家因而得出必然的结论：既然地球内聚全靠引力，那么引力减弱地球就一定会膨胀。地球膨胀了，自转速度因而减慢。

地质研究还指出，今天所知的几个大洲，在地球较小时原本是盖满整个地球地面的，而且几乎全部浸在水里。后来地球逐渐膨胀，表面破裂，才形成几块分离的大陆，大陆板块间的空隙越来越大，水注入其中，形成了今天的海洋。

大抵正如英国天文学家霍伊尔爵士所推断，在最初的 10 亿年，只出现一些类似现代细菌的生物，其中有些能在 100℃ 下生存。在第二个 10 亿年里，温度下降，出现了可在 71℃ 高温下生存的蓝藻。再过 10 亿年，又出现了可忍受 60℃ 高温的真菌和其他藻类。到最近 10 亿年，温度降至 37.7℃ 以下，需在较低温度下繁衍的多细胞动植物就逐渐生长起来了。

如今许多科学家都相信，宇宙万物在不断膨胀，不断减轻，原因只在于宇宙渐老以致引力渐弱。

地球空气来源之谜

空气、阳光、水被称为生命的 3 要素，但是在这 3 要素中，空气对人类来说是更为重要的了。人在没有阳光照射时会活很长时间，没有水，人也可以生存 5 天~10 天，然而没有空气，人只能活几分钟甚至更短。其实我们呼吸空气只是呼吸空气中的那一部分氧气，氧气是生命活动的根本，氧气从呼吸道进人体内通过血氧交换到达全身各部，使机体组织细胞能够新陈代谢，进行着正常的生理活动。

氧气在空气中以体积计算约占 21%，以重量计算约占 23%。空气中含量最多的是氮气，按上述两个方面计算分别占 78% 和 75.5%，另外空气中还有水蒸气、二氧化碳、氩、氖等气体。空气在标准状态下每升重约 1.29 克，随着距离地面越高空气则越稀薄。

但是空气最早是怎么形成的呢？

根据天文学家推测，行星是由一些巨大的气体和尘埃旋转而形成的，而构成这些气体尘埃的各种元素比例，一般等于它们在宇宙中所占的百分比。在地球形成之前与其他行星一样，其构成约有 90% 是氢原子，9% 是氦，其余是极少量的氖、氧、碳等元素。地球的尘埃在高速旋转中逐渐靠拢形成一个核心，这就是地核的雏形，在构成之中一些气体也被笼绕在圆体形成物中间，当这些堆积物越来越大，随之其内部的压力越来越高，因而最后造成火山喷发，这些被裹在地表以下的气体则喷发出来，其中的氢不是被燃烧，就是由于其密度太小，而迅速脱离地球逃逸了。氖、氦也同氢一样消失了。而剩下来的气体不是由于密度较大，就是由于水蒸气的凝结而来不及逃逸的，这就形成了大气，它包绕了地球的表面。这些剩余的气体有水蒸气、氨、甲烷等。

水蒸气冷凝后便落到地球表面，于是就形成了海洋。

这些大气由于太阳紫外线的辐射，其中水蒸气又分解成氧和氢，氢又逃逸掉了，于是仅剩下氧，氧与氨化合生成氮和水，与甲烷化合生成二氧化碳和水，这就是地球在几百亿年生命开始之前的大气。氮和氧作为生命的始动物质，为生命的诞生和孕育做出了极为突出的贡献。

随着生命在偶然的情况下出现，以及在臭氧层形成保护层之下，生命的光合作用开始进行，于是大气中的二氧化碳被吸收，同时释放出氧气，地球才真正地走向了能够孕育生命和利于生命生长的正常轨道，这些大约距今有5亿年了。人类今天生活在这种被称之为空气的大气中，当然也是一个偶然的机会了。

以上所说的这一切只是根据对于其他星球观测到的现象而对地球大气形成的一种推理。至于为什么众多的比地球还古老的星球最终并未产生生命，是不是与大气的构成有关，目前尚无法回答。同样对于地球本身的这种大气形成机理，也没有人敢说就是如此之明确，因而，空气的形成对于人类来说就不仅仅是千古之谜了。

地球造气之谜

19 世纪，康德·拉普拉斯的地球起源学说占绝对统治地位，即认为太阳和所有行星都起源于气体尘埃星云。星云逐渐凝缩，旋转速度加快，中心出现了气体团块——未来的太阳。根据拉普拉斯的看法，从气体团块分离出来了一些气体环形物，它们就是来自行星的胚胎。主张拉普拉斯假说的人认为，地球最初是赤热的，后来在许多亿年间逐渐冷却下来。

20 世纪初，人们普遍放弃了这一假说，代之以其他假说。其中包括当时比较著名的英国人詹斯的假说：有一颗恒星从太阳身旁飞过，使一块赤热的气体团块离开了太阳。

不过，赤热的气体团块按理总应该分散开吧，可它们是怎么变成液体，而后又凝缩成固体的呢？

太阳物质的 70% 是氢，27% 是氦，仅仅 3% 左右是氧、氮、二氧化碳和其他物质。形成太阳的气体星云的化学成分也大致如此。这就是说，构成地球的物质也理应如此。然而地球物质只占星云物质的 0.2% ~ 0.3%，那么其余气体到哪儿去了呢？当太阳形成恒星之后，在光热辐射及太阳风作用下，气体物质和冰物质逐渐跑掉，只剩下了很少的构成今日地球的土物质。

施密特认为，地球是由固体物质聚集而成的。那时候刚刚形成的地球根本没有那么热，相反，它是一个比较凉的固体，后来由于地球内部发生放射性衰变而释放热才渐渐变暖的。

那么构成地球的固体物质是从哪儿来的呢？是不是就像施密特最初认为的那样，是由太阳引力场捕获来的呢？还是像现代专家们所认为的那样，恒星和行星都是由星云构成的呢？

前苏联科学院地球物理研究所在这方面取得了重要成果。该所科学家所持的观点，原则上与施密特相同，即地球（同样包括水星、金星、火星）是由气体星云冷却时凝聚成的固体微粒聚集而成的。就此类行星而言，微粒的1/3由铁组成，2/3由硅酸盐和各种氧化物组成。离太阳较远的大行星，除去以上物质外，还有水、冷凝甲烷和氨的化合物。木星和土星在形成巨大的行星之后，通过自身的引力场还捕获了一些气体。在这些行星上至今还存在很多这类气体。

聚集成的固态颗粒的大小不等，有很多小的也有极少数大的。行星的胚胎比后来由它们构成的"成年"行星要大得多。有大量微粒被吸附在胚胎上，甚至有一些大块物体也落在上面。它们使行星逐渐变热。

据科学家们估计，当时成长中的地球表面温度近400℃。如果仅仅是一些小天体，落在地球上，它们的全部能量实际上都消散了，不过有时一些较大的天体也落在上面，尽管这种情况很少。譬如说，如果有直径达50公里的陨星钻入地球深处100公里，那么它就会在地球内部释放出能量，由于这类天体不断落入地球，地球也就变热了。

铁一类较重的物质不断落入地心，逐渐形成了核。这是在地球形成的末期开始的。较重的物质下落时会释放出能量。不过这种能源是逐渐衰减的，由放射性衰变来补充热也是一种逐渐衰减的能源。目前通过这种方式获得的热能只有过去的1/3～1/4。久而久之，地球的结构最终会固定下来，它的变化将越来越少，大地构造活动减弱，造山运动变得缓慢。

46亿岁的地球已是一个"中年人了"。尽管它已不像从前那样毛毛躁躁，但有时还会发生地震和火山喷发。它要是再年长成熟一些，可能会更稳重些。

地球的结局

地球是太阳系中的一颗行星，也是人类赖以生存的家园。对于地球的历史，以人类所能找到的证据只能推测它大约诞生于 46 亿年前，在这漫长的岁月中，地球不断发展变化，逐渐形成了今天的模样。若问地球将会有怎样的归宿？人们也只能进行推测，而推测的结果也是各不相同的。

第一个试图不靠神学去详细研究地球的过去和可能会有的未来的人，是苏格兰的地质学家赫顿。他在 1785 年，发表了第一本现代地质学著作，他在书中承认自己在研究地球本身的过程中，并没有能够看出它开始和终结的迹象。于是许多人都认为，地球一旦形成，如果任它作为表面覆盖着一层水和空气的金属和岩石集体存在的话，它就会这样存在下去直至永远。

后来，人们的研究又进了一步，开始考虑到外来因素对地球的干扰。

人们首先想到的是太阳，它离地球最近，并且有足够大的能量来左右地球。在过去的几十亿年中，太阳维持着目前的活动水平，因而地球基本没有变化。但太阳会永远维持现状吗？一旦它发生变化，会给地球带来什么影响呢？

20 世纪 30 年代之前，人们觉得太阳的能量终有一天会耗尽，终会渐渐冷却，由耀眼的白色冷却成橙色，再变成红色，最后变成一个光能枯竭的黑暗星体。这一变化也会使地球由于得不到足够的太阳能量而慢慢冷却，越来越多的水冻结起来；冰天雪地的南北两极不断扩展，直至赤道地区也变得天寒地冻；整个海洋将冻结成一块坚冰，空气也会液化，随后还会冻结成固体。在此之后，没有生命存在了的冰冻的地球，仍会履行它作为太阳行星的职责，而乐此不疲地旋转若干年。

但是，到了 20 世纪 30 年代，核物理学家第一次揣摩出在太阳和其他恒星中所发生的核反应。因而推测出，太阳的能量来自于它上面的核反应，太阳的一生将度过引力收缩阶段、主序星阶段、红巨星阶段以及致密星阶段。其中主序星阶段是太阳的稳定时期，目前正处于这一阶段，而且刚刚度过了一半时间。但接下来便是太阳变成红巨星的阶段，那时，大部分氢燃料消耗尽，其他核反应就会发生，使太阳变热膨大。在这种情况下，地球的末日就到了，它会被烤成灰烬，最后又挥发掉。当然这是几十亿年以后的事。

除了太阳之外，目前科学家还在寻找影响地球寿命的其他因素。

有的科学家认为，太阳可能有一个兄弟——太阳的伴星，这颗伴星日夜不停地绕日运行，每隔 2600 万年，就会转到离太阳最近的地方来"兴风作浪"，它的强大引力会引起众多彗星的大扰动，有 10 亿颗彗星将在太阳系内横冲直撞，地球和其他行星都将成为这些彗星的"靶子"。如果与地球相撞的彗星的质量足够大，那后果真不堪设想：轻者生物灭绝，生态剧变；重者山崩地裂，地球"粉身碎骨"。这种类似的灾变是有案可稽的。

　　科学家们发现，在过去的 2.5 亿年间，生物发生过多次灭绝，其间隔恰是 2600 万年。例如，9100 万年前、6500 万年前、3800 万年前以及 1100 万年前，分别发生的大灾变，使 75％以上的生物在劫难逃，恐龙就是在 6500 万年前灭绝的。当然，这颗可能会给地球带来不测的太阳伴星还没有被人们发现，但是，许多科学家是相信它的存在的。

　　地球究竟将受到来自空间哪一方的打击而遭毁灭？地球何时寿终正寝？这些，现在还都是悬而未决的疑案。

二、光怪陆离的地球奥秘

能让人变高变矮的 "神秘点"

从旧金山乘车沿公路南下，不到 2 小时就能抵达一个名叫圣塔克罗斯的小镇，在离该镇约 5 分钟车程的近郊，有一个重力异常的 "神秘点"，引起了世界各国科学家的关注。

该地附近的树木都斜向一个方向生长。有两块长 50 厘米、宽 20 厘米的石板埋在地面，间隔约 40 厘米，乍看没什么不寻常的地方，其实两块石板就是不可思议的神秘点！

当两个身高不同的人分别踏上两块石板时，就会发生不可思议的事情：身材矮的人竟然会变得比身材高的人高！

两人之间仅有 40 厘米的距离，但却产生了身高的变异，这不禁使人目瞪口呆。但当两人再踏出一步时，两人的身高又恢复正常，这真让人无法理解。

再尝试互相交换位置，高的一个又变矮了。一步之差，却能使人的身材忽高忽矮，这种现象让人难以理解。

难道是两块石板有高有低吗？可是拿出水平测量仪来测量，仪器却呈现水平状态。

就是站在石板上用皮尺量身高，同一人在两块石板上也显示着同样的高度。如果在这两点上，人体身高经过伸缩，那么，皮尺也应测出不同的长度，然而两边的身高确实相同，是否皮尺也在作同样伸缩？

到达神秘中心点，这里会发生更惊人的事情。每年来这里游玩的游客很多，他们绕着一幢破烂小屋，在外围走了一圈后进入屋内，便会发现即使亲眼所见也不敢相信的现象：里面有许多向左倾斜站立的人，正彼此指着其他的人嘻嘻地发笑。

事实上，只因为这个中心点有向一边倾斜的强烈引力，所以看来每个人都是斜立着。游客纷纷尝试做各种姿势时，有些人甚至能笔直地倒立。

这幢破旧的木屋，倾斜地靠在树干边，其倾斜度像是完全倚靠在这株大树上似的。走出小木屋前的大片空地，每个人都像要跌倒似的斜立着。冥冥中像有股强烈的吸力把人拉向斜立的姿势。小屋一堵墙上凸出一块木板，谁看了都会误认为是一条斜坡道。

如果在木板的上方放一个高尔夫球，虽然木板看上去是斜的，球却停在原处一动也不动。而用力将球推下，就会发现球滚到半途又像受牵制般地再滚回原处。无论如何推动都是同样的结果，球最后还是回到原位。而且推球时会发现似乎有股阻力与人的力量相抗。

更让人惊讶的是，当进入神秘点的狭窄入口时，发现地下倾斜度很大，一进去就有股无法看到的强力把身体推向另一方，尽管人用尽全力地握住壁上的柱子仍然免不了被拖至中心的重力点。由于重力的异常，在里面呆上 10 分钟，人就会产生像晕船一样的反胃欲呕的反应。

该处的向导像电视里会武功的人一样一步步地爬上墙壁，并没有依靠任何支撑物便可举着两手轻松地在墙上走动，并且还能斜斜地站立，面对游客微笑。可见，墙壁的另一面有强烈的引力在发挥作用。

天花板破烂不堪，从破洞中可看到怪异扭曲的大树直向天空。因为磁场不正常，在这神秘点的上空，飞机会因为仪器受到干扰而脱离航线；鸟儿经过上空时也会因为头昏眼花而掉到地上。

走进隔壁的房间，会发现一种奇怪的现象，完全不能以科学的观点来解释：屋顶的横梁上垂着一串铁链，下面悬着很重的坠子，该坠子直径大约 25 厘米、厚约 5~6 厘米，形状像个圆盘。欲把这个坠子推向一边，只要用手指轻轻一触就能动了，但从反方向推时却要用尽全力才能将它移动。这可能因为异常的引力向同一方向作用，所以才会发生这种现象。

综合所有现象，如身高的伸缩、球会自动向上滚动、斜站在墙壁上……这个神秘点可说是充满着违反物理定律的怪地方。唯一可以理解的是这个地带的重力是异常的，物体不是与在其他地方一样受地心吸力所控制。然而究竟是什么东西使得这神秘点的重力场与外界截然不同？它又是如何发生作用的？都是尚待科学解释的传奇。

翩翩起舞的"棺木"

1932 年，太平洋的巴贝多斯岛。富豪威廉·卡勒斯去世了，族人为他举行了盛大的葬礼，他的灵柩安放于威廉家族墓地。墓地于 1899 年购于安德鲁斯家族，并于 1918 年和 1922 年分别安葬了威廉家族的两个女儿。当人们打开入口处的大理石门时，眼前的情景令他们惊呆了：两个女儿的铜棺竟然朝下倒立在那里。开棺查看，发现尸骨完好，陪葬的金银珠宝也一件不缺，一点儿没有盗墓的迹象。

1961 年，为了安葬族里的一名男子，人们再度开墓。结果人们发现要 8 个人才能扛得起的卡勒斯的棺材，正靠着墓穴的一面墙竖立着。从此，怪墓的消息不胫而走。

8 个星期后，另一场葬礼又将举行，全岛甚至附近岛上的居民都涌到现场看热闹。他们没有失望，石墓的大理石封门没有开启或撬动的痕迹。但打开墓穴后，发现四副棺木果然如想象中的竖直站在那里。

墓内棺木的数次移动引起了很多人的恐慌，人们不再把其作为津津乐道的谈资和玩笑。甚至，强烈的好奇心促使一些勇于冒险者潜心琢磨起来。

探求者们了解到，这个墓地的原主人安德鲁斯家族是一个以种植业发财的富豪望族。18 世纪末，这个家族在岛上的基督城兴建了这个庞大的家族坟墓，进口处用几块巨大的大理石封闭。从外表看起来，不像个坟墓，倒像是个堡垒。安德鲁斯家族中只有一个名叫高大德的太太，于 1927 年葬入此墓。在威廉家族买下这个墓地时，安德鲁斯家已负债累累。

20 世纪 70 年代，巴贝多斯岛的两任总督之一的库勃莫尔为了破解这个谜团，于 1979 年亲自监督工人将棺材放好，大理石墓门用石膏封好后打盖封印。1980年4月，他接到报告说墓中传出声音，便随即到墓地去看个究竟。封印和石膏完好如初，但打开墓室后，看到棺木横七竖八，凌乱不堪。

经过若干次的仔细勘察之后，并没有找到答案，种种疑问在人们心头丛生。若是仇家为了报仇而走进墓里搬动棺材，不可能不留下蛛丝马迹。如果是自然灾害如洪水或地震使棺材移动的话，石墓里却没有进过水的痕迹，更没有棺材漂移或滑动的痕迹。地震就更不可能只震动这个坟墓而不震动其他地方。难道是灵魂为保护自己家园的愤怒之举吗？如果把棺木移走，而放入其他物体，也会移动吗？什么力量才能让它们安静下来呢？所有的问题只能是问题了，至少，现在还没人能说清楚。

神奇的"巨菜谷"

在美国阿拉斯加州安哥罗东北部的麦坦纳加山谷和前苏联濒临太平洋的萨哈林岛（库页岛）是两个神奇的地方。那里的蔬菜长得异常硕大：土豆如篮球，白萝卜20多公斤一个，胡萝卜直径有20厘米粗、约35厘米长，一颗卷心菜重达30公斤，豌豆和大豆会长到2米高，牧草也可以高过骑马者的头。所以这个地方被人称作"巨菜谷"。

有人怀疑这是一些特殊品种的蔬菜，但经考察研究，都是一些普通蔬菜。有人将外地蔬菜籽在该地种植，只要经过几代繁衍，也变得出奇地高大；而把这里的植物移往他处，不出2年就退化成和普通植物一样。

为什么这两地的蔬菜会如此巨大呢？有人认为，这两个地方都处在高纬度地带，夏季日照时间长。可是，位于相同纬度的其他地方并未见有如此高大的同类植物。也有人认为，这是悬殊的日夜温差起的作用，但这同样无法解释有类似气候条件的其他地方为什么没有这一奇异现象。有人认为是富饶的土质或者土中有什么特别的刺激植物生长的物质所起的作用，但实地土壤成分分析却提供了否认这里土质特殊的资料和数据。

还有人认为起作用的是上述各种条件的综合。处于同一纬度的其他地方由于不具备如此巧合的几方面条件，所以生长不出这样高大的蔬菜和植物。但是，这又无法解释为什么萨哈林荞麦在欧洲第一年可以照样长得巨大。

近些年，有人发现有一种寄生在植物幼芽上的细菌会分泌一种赤霉素，这种植物激素具有促使植物神速生长的奇效。因此，他们认为两地的巨型植物的出现，可能是某种适宜当地生长的微生物的功劳。但究竟是哪种微生物，目前还没有查清。

要是说"巨菜谷"还牵涉到植物种子的话，那么在我国也有一个地方，竟不用播种也能收获油菜籽。这块不种自收的神奇"福地"在湖北兴山县。在该县的香溪附近，有一块面积200平方公里的土地，当地人每年冬天将山坡上的杂草灌木砍倒，到春天用火将草木烧掉，待几场春雨浇洒后，地里就会自己长出碧绿的油菜来。到了4月中旬油菜花开季节，只见漫山遍野一片金黄，使当地人过上了一种神奇的不种也丰收的生活。

据当地农民说，这里方圆200平方公里的20多个村庄，每户人家每年都可收获野生油菜籽60多公斤，基本上可满足当地人的生活用度。1935年这里山洪暴发，坡上的树都被连根拔走了，但第二年春天这里依然到处是野生的油菜。不少科学家曾到此地作过考察，也作过种种解释，但始终没有一种理论能确切说明这里出现的奇迹。

神秘的北纬 30 度

北纬 30 度，是一条穿越地球、隐藏着无数待解之谜的神奇纬线！

北纬 30 度，一条看不见的曲线，一条地理学家为方便研究地球画出的虚拟线，然而却没有任何一条经纬线有着如此神奇的魔力。赤道、北回归线、南回归线、本初子午线、国际日期变更线……这些著名的经纬线在北纬 30 度面前，都黯然失色。

这条神奇的曲线虽然看不见，但它所经过的地方却是地球上最为亮丽的、神奇的风景。

从地理布局大致看来，这里既是地球山脉的最高峰——珠穆朗玛峰的所在地，同时又是海底最深处——西太平洋的马里亚纳海沟的藏身之所。世界几大河流，比如埃及的尼罗河、伊拉克的幼发拉底河、中国的长江、美国的密西西比河，均在这一纬度线入海。

更神秘难测的是，这条纬线又是世界上许多令人难解的著名的自然及文明之谜所在地。比如，恰好建在地球大陆重力中心的古埃及金字塔群，以及令人难解的狮身人面像之谜、神秘的北非撒哈拉沙漠达西里的"火神火种"壁画、死海、巴比伦的"空中花园"、传说中的大西洲沉没处，以及令人惊恐万状的"百慕大三角区"、让无数人叹为观止的远古玛雅文明遗址，这些令人惊讶不已的古建筑和令人费解的神秘之地会聚于此，不能不叫人感到异常的蹊跷和惊奇。

在我国，沿着北纬 30 度线上下，奔腾的长江一泻千里，从处这个纬度以北不远的上海入海；在此纬度稍南，于汪洋大海之中，屹立着"海天佛国"的普陀名山，山上古木参天，巨石嵯峨；稍西，那杭州湾中的钱塘大潮，是世界上无与伦比的最伟大的奇观之一；再往西，"佛国仙境"的九华山，奇峰峭壁，仙气冉冉，游于山中，如梦似幻。它方圆100平方公里，"九华一千寺，撒在云雾中"，其中心的九华街就在北纬30度附近；与九华山相邻的黄山，风景如诗如画，奇松云海怪石温泉；再越过纬线稍南，秀甲天下的庐山雾驻足于此。

地球北纬30度线，常常是飞机、轮船失事的地方，人们习惯上把这个区域叫做"死亡漩涡区"。除了令人惊恐的百慕大，还有日本本州西部、夏威夷到美国大陆之间的海域、地中海及葡萄牙海岸、阿富汗这5个异常区。除了北纬30度线，在地球南纬30度线上也同样有5个异常区。细心的人们在把这10个异常区在地球上一一标注以后，惊奇地发现它们在地球上几乎是等距离分布的，如果把这些异常区互相连接，整个地球就会被划成20多个等边三角形，每个区域都处在这些等边三角形的接合点上。

这些暗藏危险的三角区域大都处在海洋水域，在海水运动上表现为一种大规模的漩涡。那里的海流、漩涡、气旋、风暴、海气，再加上磁暴的作用，都要比其他地区剧烈，而且这些大规模的海洋运动一直频繁交替出现，因此给人类带来特别巨大的灾难以及隐痛与不安。

如果将北纬30度线上下各移动5度左右，我们再次吃惊地发现，在北纬35度线附近，是令人恐怖的地震死亡线。到现在为止，这一地区发生的灾难性地震，死亡在2000人以上或者震级在7级以上的就达几十次，如日本大陆的地震达到8级、葡萄牙里斯本两次8级地震、土耳其埃尔津登的8级地震、美国旧金山的8.3级地震，意大利拉坦察的9.8级地震……

在北半球这两条相邻的纬度线，为什么会成为一个令人费解、怪事迭出、祸患隐忧、灾难频繁的神秘地带？它们是偶然巧合，还是造物主的有意安排，抑或是受人类暂不可知的某种力量主宰？猜测和假想不断地提出来，又不断地被否定，但飞机和船只还在不断地失事。

在地球北纬35度线上，有伊斯兰教、佛教、印度教、基督教的圣地，有猿人化石发现地中国元谋人，有百慕大三角洲和沉没的大西洲……

北纬30度线光怪陆离、纷繁复杂的神秘现象多少影响了人们的视角和思维，这不是一条简单的人为划分的地球纬线。

从恰好建在地球大陆重力中心的古埃及金字塔开始探索地球的神秘。对于一位严肃的科学家来说，金字塔的选址绝不是一个偶然，金字塔背负着太多的难解之谜，尽管经历了几个世纪的艰苦探索，但人们仍旧知之甚少。

金字塔据说是公元前 2551 年开始建造的。可它是怎样建成的，没有人确切地知道，也没有一个工匠、祭司、建筑师或者法老，就金字塔的建筑留下只言片语。金字塔的建成似乎正是为了塑造一个永恒的谜。也许有一天当人们真正能全部破译出一直困扰人类的种种谜团之后，人类就找到了通向外宇宙的通天之塔，而斯芬克斯之谜也将迎刃而解了。

人类锲而不舍的研究正在一点点加大着金字塔的神秘：为什么要建造金字塔？公元前 2000 多年前他们究竟是用哪种力量、什么样的机器、采用何种技术来投入建造？他们使用什么手段来使隧道挖掘达到水平程度？建筑师设计的是何种方法使隧道向前推进？他们使用什么燃料照明？他们怎样从采石场切割下巨大的石块？他们怎样搬运这些巨石，并且分毫不差地将它们相互结合在一起？

一座金字塔大约需 260 万块巨石，每块巨石重约 5 吨～12 吨，这些巨石被采割下来，还需经过磨光、搬运，然后在工地上分毫不差地组合成一个整体。在金字塔深处的通道，还绘有五颜六色、精美绝伦的壁画！

勤劳的古埃及人假若每天可摞起 10 块巨石，那么，他们差不多需花 25 万天工夫，才可建成一座金字塔。如果气势恢弘的金字塔真是一位古怪的国王心血来潮的结果，那么这位好大喜功、讲究排场的法老必须保证自己活上 644 年时间，才可能见到为他建造的近 150 米高、塔基边长在 200 余米的金字塔。

我们不准备单纯地相信金字塔就是法老们的坟墓，围绕金字塔巧合的数据太多太多，然而，这真是一种巧合吗？简单的数据可以巧合，但这些数据和天文符号传递的信息也仅仅只是一种巧合吗？

所有神秘的现象，完全超出了自然界的正常规律，违反了牛顿的万有引力定律。为此，它不仅吸引了游人，更引起了许多科学家的关注。一旦解破谜底，不但意味着人类传统的重力观念的全新变革，而且必然会带来人类在实现极速星际航行方面的根本突破。

南海中的"神秘岛"

1933 年 4 月,法国考察船"拉纳桑"号来到南海进行水文测量。他们在海上不停地来回航行,进行水下测量的作业。突然,船员们见到在上一回驶过的航道上竟矗立起一座无名小岛,岛上林木葱葱,水中树影婆娑。可在半个月后,当他们再来这里测量时,却又不见了这个小岛的踪影。对于这个时有时无、出没无常的神秘小岛,大家都莫名其妙,不解真情,只好在航海日志上注明:这是一次"集体幻觉"。

3 年后,即 1936 年 5 月的一个夜晚,一艘名叫"联盟"号的法国帆船航行在南海海域。这艘新的三桅帆船准备开往菲律宾装运椰子。

"正前方,有一个岛!"在吊架上瞭望的水手突然一声呼叫,顿时惊动了船上的所有船员。

船长苏纳斯马上来到驾驶台,用望远镜进行观察。他清清楚楚地看到了一个小岛。他感到纳闷,航船的航向是正确的,这里离海岸还有 250 海里,过去经过这里时从未见过这个小岛,难道它是从海底突然冒出来的吗?可是岛上密密的树影,又不像是刚冒出海面的火山岛。

船长命令舵手右转 90 度,吩咐水手立即收帆。就这样,"联盟"号缓缓绕过了这座神秘的小岛。

这时,船员们都伏在右舷的栏杆上,注视着前方。朦胧的夜色映衬着小岛上摇曳的树枝,眼前出现的一切,真如梦境一般。

此时,船上航海部门的人员赶紧查阅航海图,进行计算,确定船的航向准确无误,罗经、测速仪也工作正常。再查看《航海须知》,可那上面根本就没有这片海域有小岛的记载,而且,每年都有几百、上千条船经过这里,它们之中谁也没有发现过这个岛屿。

忽然，前面的岛屿不见了，可过了一会儿，它却又在船的另一侧出现了！船长和他的船员们紧张地观察着出现在他们面前的如同黑色幕布般的阴影。

突然一声巨响，全船剧烈地摇晃起来。紧接着，船体肋骨发出了嘎吱嘎吱的声响，桅杆和缆绳互相扭结着，发出一阵阵断裂声。一棵树哗啦一声倒在了船首，另一棵树倒在了前桅旁边，树叶飒飒作响，甲板上到处是泥土，断裂的树枝、树皮和树脂的气味与海风的气味混杂在一起，使人感到似乎大海上冒出了一片森林。船长本能地命令右转舵，但船头却突然一下子翘了起来，船也一动不动了。船员们一个个惊得目瞪口呆。显然，船是搁浅了。

天终于亮了，船员们终于看清大海上确实有两座神秘的小岛。"联盟"号在其中的一个小岛上搁浅了，而另一个小岛约有 1.50 米长，它是一块笔直地直插海底的礁石。

好在船的损伤并不严重。船长吩咐放两条舢板下水，从尾部拉船脱浅。船员们在舢板上努力划桨，一些人下到小岛使劲推船，奋战了两个多小时，"联盟"号终于脱险。

"联盟"号缓缓地驶离小岛，两个小岛渐渐地消失在人们视野之中。这一场意想不到的险恶遭遇，使全船的人都胆战心惊。精疲力竭的船员们默默地琢磨着这一难解之谜。

"联盟"号刚一抵达菲律宾，船长苏纳斯就向有关方面报告了他亲身经历的这次奇遇。当地水道测量局等有关单位的人员听后说，在这片海域从来也没有发现过岛屿。其他船上的水手们也以怀疑的态度听着"联盟"号船员的叙述。显然，大家都认为这是"联盟"号船员的集体幻觉。

船长苏纳斯不想与他们争辩。他决定在返回时再去寻找这两个小岛，记下它们的准确位置。开船后两天，理应见到那两个小岛了，他却什么也没有发现。他们在无边的大海上整整转了 6 个小时，还是一无所获，两个小岛已经消失得无影无踪。苏纳斯虽有解开这个谜的愿望，但他不能耽搁太久，也不能改变航向，只好十分遗憾地驶离了这片海区。

专"吃"新娘的马路

埃及阿列基沙特亚市有一条勒比·坦尼亚大街，自 1973 年 3 月以来，已先后有多名新娘突然在行走时不知去向，致使路面被掘翻了数尺深。

在第一起新娘失踪事件中，新郎是职业摄影师阿克·沙德，妻子名叫梅丽柏。这对夫妇正在坦尼亚大街上散步，突然间路面上出现了一个不大的洞穴，新娘梅丽柏跌下洞中，随即踪影全无。警察为此挖掘了现场，费时长达一年。其间又发生了第二起新娘失踪案。

那是当年的 10 月，一对来埃及旅游的美国夫妇正好奇地在坦尼亚大街上漫步游览，新娘卡闻泰夫人就在众目睽睽之下，突然失足陷入一个刚刚在面前出现的坑穴中，身子一晃，人就再也看不见了。

其后的 1974 年、1975 年、1976 年连续 3 年，又发生了 4 起新娘失踪案件。

1974 年 5 月失踪的是一位希腊籍新娘哥特尼夫人；

1975 年则有两位埃及本地新娘分别在结婚数月后失踪；

1976 年 1 月 13 日，这是一对结婚只有两个月的夫妇，丈夫是 25 岁的皮尔，新娘是 23 岁的阿菲·玛利娅。玛利娅正同丈夫并肩走在坦尼亚大街上，忽然她好像被什么力量拖拽着，跌倒在一个直径约 60 厘米、深约 15 厘米的洞穴内，一下子失去了踪影。事后，警方调来水务局的工人，利用铲土机，从坑穴处将路面整个掘开，并向下深掘了约 1.5 米，然而什么也没有发现。

警方为此成立了专案小组，负责对发生在勒比·坦尼亚大街上的一系列失踪事件进行全面的调查。尽管警方注意到失踪的都是年轻漂亮的新娘，但到头来还是无法结案。发生在埃及的"劫美路"事件，不仅被记入官方的档案，直至今天，仍有许多科学家前往阿列基沙特亚市进行考查，希望能够找出造成美丽新娘突然在光天化日之下失踪的真正原因。

埃及考古学家准哈布博士提出，坦尼亚大街下可能有古代的水井或贮水池，因而路面突然出现洞穴并不出奇。但警方在挖掘开路面后，并未发现任何有关遗迹，况且失踪的都是清一色的新娘。所以准哈布博士关于失踪者落入路面下古水井的推测，无法使人信服。

在美国加利福尼亚州，有一片同样神秘的安琪儿森林。几年间在这里失踪的全是 8~9 岁的儿童，而且他们都是在距周围人 3 米范围内毫无声息地失去踪影的。事后又寻找不到任何线索，为此该森林被叫做"拐孩林"。

最早的一起儿童失踪案发生在 1907 年 3 月的早晨。8 岁的汤姆·鲍曼和他的父亲、姐姐、两位堂兄在林间散步，汤姆仅仅是往前多走了数步，就再也未能重新露面。闻讯而来的警察和 400 名志愿搜索者苦苦搜寻，但连一点儿蛛丝马迹也没有找到。汤姆上天了，还是入地了呢？

此事发生 7 个月以后，两名儿童贝克和黑威尔也在这附近莫名其妙地失踪。到 1960 年 7 月，又有一个 8 岁男孩儿克洛曼突然在林间消失。凡此种种，都有待于人们弄清真相。

神奇的沙漠开花

　　在连绵起伏的沙漠中，有一片绿洲，这里生长着茂盛的植物，并盛开着鲜花，素有"不毛之地"的沙漠也会有如此独特的风景吗？

　　在秘鲁的滨海区，地面广泛分布着流动的沙丘，沙丘终年平均气温很高，而年降水量很低。但大约每隔几年，降水量会骤然增长一次，沙漠中会奇迹般地冒出绿色植物并开花。

　　干涸的沙漠只要有大量的降水就会开花吗？海洋气象学家研究认为，沙漠开花的真正原因与"厄尔尼诺"现象的出现密切相关，那么"厄尔尼诺"

厄尔尼诺现象

又是一种什么现象呢？

"厄尔尼诺"一旦发生，一般要持续很长一段时间，甚至一年以上。它除了使秘鲁沿海气候出现异常增温多雨外，还使澳大利亚丛林因干旱和炎热而不断起火；北美洲大陆热浪和暴风雪竞相发生；夏威夷遭热带风暴袭击；美洲加利福尼亚遭受水灾；大洋洲和西亚多发生严重干旱；非洲会大面积发生土壤龟裂；欧洲会产生洪涝灾害；我国南部也会发生干旱现象，沿海渔业减产，全国气温偏低，粮食会大面积减产。"厄尔尼诺"现象是如何产生的呢？

海洋气象学家认为：正常年份，太平洋海面的水温表现为西部高东部低，太平洋海面的水温与此相反，就出现了"厄尔尼诺"现象。

夏威夷大学的地震学家沃克指出，自1964年以来，5次"厄尔尼诺"现象的发生时间都与地球的两个移动板块之间的边界上发生地震这一周期现象密切吻合。

还有的科学家提出"厄尔尼诺"与一种叫"南部振荡"的全球性气候变化体系有关，从而影响了南半球的信风强弱。

我国科学家研究了1950年以后地球自转速度变化的资料发现，只要地球自转年变量迅速减慢持续两年，且数值较大，就发生"厄尔尼诺"现象。因此他们认为："厄尔尼诺"可能与地球自转速度变化有关。

现在，科学家已运用航空技术、海洋水下技术及智能机器人对"厄尔尼诺"进行研究，并从地质方面深入探索，相信不久的将来，"厄尔尼诺"的产生机制将会真相大白。到那时，沙漠开花也就不足为奇了。

可怕的"杀人湖"

非洲喀麦隆的尼俄斯湖是个臭名昭著的"杀人湖"，曾造成湖岸附近村庄成百上千的人突然死亡。科学家经过不懈努力，终于找到了罪魁祸首——埋藏于湖底的二氧化碳。正是尼俄斯湖突然释放出的大量二氧化碳，造成附近村落大批人畜窒息而死。

1984年的一天早晨，阿哈吉·阿布杜在骑自行车前往自家农场途中，发现路上横七竖八地躺着许多死尸。他刚开始以为出了车祸，紧接着意识到肯定发生了比车祸要严重得多的大事，甚至感觉到自己也已死到临头。不久查明，短短几小时内，竟然莫名其妙地死了37人，并且他们都死在了快要抵达邻近村庄的路上。那么，他们究竟是怎么死的呢？一位村民说："听说他们遭到了屠杀，但又不大像是这样。"

"当时，两个人跑过来对我们说，出事的车子里共有12人，结果有10个人死掉了。我们问这些人是怎么死的，幸存的两个人说，他们当时坐在那辆小型货车的车顶上，其余的人则坐在车子里。司机第一个下车，想看看发动机为什么不转了，结果他就倒地不起了。坐在后排的人跟着下了车，想知道究竟出了什么事，哪想全都倒地而死。"而且，这些人死前都未挣扎过，好像都死于某种烈性传染病。由于灾难的发生是如此突然，于是有传言说，那些死者是遭到了某种生化武器袭击。

皮埃尔·扎布是第一个抵达现场的医生。虽然见过不计其数的死人，他却没见到过哪种病会同时死这么多人，难怪当地人人自危，害怕恶病传染到自己身上。尽管如此，皮埃尔等人在未戴防毒面具和手套的情况下，把尸体抬进了军方派来的吉普车。几分钟后，尸体就被运到了医院。与此同时，警方也赶到并封锁了医院。

如果真要是某人或某组织在秘密试验一种新的生化武器，美国政府当然是不可能听之任之的。于是，事发几个月之后，美国罗德岛大学的哈拉杜尔·西古森教授就受政府委派，来到了的位于莫罗温湖地区出事现场所。生化武器的嫌疑立刻就被排除了，因为受害者们看上去更像是死于窒息。问题是，他们为何会窒息呢？西古森决定从目击证人那里寻找答案。有人说，事发当时曾出现过一阵浓密的白雾，不过很快就消散了。皮埃尔医生回忆说，在他们当时就快要到达出事现场时，遇到了一个逃命者。此人对他们大声疾呼："快逃吧，不然你们会送死的！"就在这时，皮埃尔闻到了一股很难闻的气味，好像是臭鸡蛋或者火药发出的。

臭味和白雾？开始时，西古森对此一头雾水，但他立即又得到了另一条线索：所有那 37 人都死在经过湖边的路上。西古森由此确信，不管这个杀手是从何处冒出的，都一定同莫罗温湖有关联。就这样，他决定去湖中寻找答案。当然，他知道此举会冒很大的危险，但他还是战战兢兢地坐上小艇，驶向湖心，并向湖底投去水样提取瓶。然后，他缓缓地将取样瓶拉上来。当取样瓶就快被提出湖面时，他发现瓶中出现了大量气泡，并立即意识到深层湖水中肯定充满了气体。是什么气体呢？他看不见，闻不到，也尝不出来。他一下子就明白了——是二氧化碳！人人都会呼出二氧化碳，少量的二氧化碳是无害的，可是高浓度的二氧化碳却会让人窒息——足以置人于死地！西古森断定，二氧化碳正是莫罗温湖大悲剧的元凶。

令人瞠目的"吵闹鬼"

你信不信？一架无人弹奏的钢琴，每当夜深人静的时候居然会自动发出美妙的钢琴声。那上下跳动的琴键，像是有个隐形人在弹奏似的，令人毛骨悚然！类似的现象还有居室内的家具自行移动，门外有人敲门而打开门却无人踪……

有人将这一神秘现象称之为"吵闹鬼"——即自发出现的物体移动、声音和其他不明现象。

瑞士有位叫坎普贝尔的 8 岁女孩，一天正与母亲一起喝咖啡，突然奇事发生了：靠墙角放置的大碗柜离开墙角向外"爬行"起来，尔后又蓦地返回。当晚，家里出现了一系列可怕的情景：房里的椅子来回不停地转着圈子；挂着的衣物自动"飞"到了床上；坎普贝尔的小玩具、小动物则被"抛"入角落……不久，只要坎普贝尔在家，总会从隔壁房间里传来一个男人的声音与她对话，她父母屡屡突袭检查，却不知这神秘声音出自何方！

无独有偶，前几年北京也出现了类似的"吵闹鬼"——她在家中时，总是出现一些怪事：暑假里的一天，女孩的母亲发现整齐放在篮里的鸡蛋被七零八落地打碎在地。第二天，大家又发现干净的被褥上撒满了砂灰、垃圾。晚上做饭时，放在厨房内的锅莫名其妙地"飞"到了堆放杂物的纸箱内。更

奇的是，开学那天老师的备课本忽然不见，与此同时，班里有好几位同学的钢笔、圆珠笔等突然失踪，一查竟然都"装"在了小女孩的包中！小女孩呆了，因为当时她确实没有离开过座位。

从1958年中秋节开始，在浙江温岭罗西村中，几乎每家每户都出现怪事：各式器皿会莫名其妙地自动"行走"；蚊帐会自动掉下；坛坛罐罐则不砸自碎；石子在空中飘动；时常听到稻草堆里发出怪异的叫声，翻开却一无所有；更让人心惊胆战的是，有时菜刀"悬"在半空又掉下来……

最令世人瞠目结舌的"吵闹鬼"事件是发生在1989年5月12目的法国奥连斯市。这天，23岁的少妇卡夫莲准备与丈夫佐治一起外出参加一个活动。出门时，卡夫莲忽然想要更换一件更鲜艳的晚礼服。她兴致勃勃地站在那面古老立柜的大镜子前，反复映照欣赏着。这时，佐治在门口等得有些焦急，就高声催促。卡夫莲答应"马上就来"。突然，只听见卡夫莲一声可怕的尖叫，佐治立刻奔入内室，却再也寻觅不到卡夫莲的踪影。他急得大叫："你在哪儿？"回答的声音顿时令佐治浑身战栗："我就在镜子里……啊，快救救我！"卡夫莲的声音竟从镜子里传来，佐治惊呆了！

事后，警方协同有关专家努力"抢救"卡夫莲，却一筹莫展。卡夫莲仿佛被永远"困"在镜子中了！

"吵闹鬼"现象确实有些匪夷所思。按照物理学原理，物体在没有外力作用或驱动下，不可能出现移动和发出声音等现象，人更不可能会被"吸"入镜子中。一些人认为有"幽灵"或"鬼魂"在作祟，也是站不住脚的。

迄今，对"吵闹鬼"现象的阐释尚莫衷一是，比较有代表性的观点有：

（1）"特异功能说"。以中国著名科学家钱学森为代表。他认为，"吵闹鬼"现象确实存在，它是人的特异功能中的特异致动造成的一种现象。这种具有特异功能的人一进屋或在无意识状态下，会"驱动"屋内的物体发出声音、移动等。"吵闹鬼"并非闹鬼，而是特异功能的人在"闹"。

（2）"特异环境说"。以美国物理学家卡特瑞斯等为代表。他们认为，"吵闹鬼"出现的地方，类似于地球上某些诸如"磁场紊乱"、"引力减弱"、

"空气旋流异常"等，是一种特殊的环境。在这种特异环境的特定时间内，会出现一种目前物理学上尚未揭示的"力"，驱使物体移动、发出声音等现象。

（3）"特异能量说"。以德国学者汉斯邦德为代表。他经过多年研究得出结论："吵闹鬼"现象其实是一种特殊能量在作祟。这种特殊能量有时来自人大脑尚未被揭示的功能"意念"；有时则来自大气中，像球状闪电那样来无踪，去无影。因而"吵闹鬼"现象具有突发性、间隙性和一去不复返性等特点。

应该说，上述观点各有所长，但它们都无法对卡夫莲被吸入镜子这件怪事做出解释。

不过值得指出的是："吵闹鬼"现象绝非"幽灵"或"鬼魂"作祟，也非人的幻听、幻视所致，它是一种超越目前科学水平可以解释的客观现象。只要人们以科学的态度去研究去对待它，人类终究会撩开其神秘的面纱！

石棺涌泉

大约 30 年前，英国《泰晤士报》悬赏数百万英镑，求解石棺之谜，引起了轰动。原来，法国南部的阿尔·修·提休古丰教堂里停放着一具奇特的石棺。村民们长年在这里汲取"奇迹之水"治病。水不是被放进棺内的，不知来自何处，而且出水量多达 4kg/天。

原来，石棺中遗骨的主人，是阿普顿和歇诺两位修道士。传说自从两人的遗骨被收藏起来后，教民又别出心裁地在棺盖上安了一根铜管。谁知数年后的一天，突有清泉由棺内向外涌出，从此年复一年，昼夜不息。

根据资料记载，石棺是从公元 960 年开始渗出水的，也就是说，"奇迹之水"已经连续滴落了 1000 年以上。此水对治疗湿疹、慢性胃病及肝病颇有神效。警官加贝斯·希沙说仅仅是碰触了奇水，感冒之类的小病就可不治而愈。内科医生安德鲁·欧利黎博士也承认，奇迹之水对患者具有奇效。

据村民传说，这奇迹之水放进没有盖子的容器也不会蒸发，常年装在密封的瓶子里也不会发臭变浊。那么，这奇迹之水是自然现象，还是人为所致？人们曾就此做了大量调查。

为了揭开石棺清泉之谜，人们曾连续两周用塑料布包裹石棺，阻绝雨水及其他外来水源。但是，水仍然一滴一滴地掉落下来，并没有因此而间断。

除此之外，人们还将整个石棺悬吊在半空中，经过几天仔细地观察，没有发现任何暗藏的沟、管或是夹板之类设施。而且，这段时间石棺还是如往常一样，出水不止。

湿气的因素也曾被考虑，但是每年石棺涌入的水量实在也太多了，更何况这座教堂是位于法国最干燥的比利牛斯山脉。

那么，会不会是教堂里的神职人员将水放进石棺里呢？也不可能，每天4kg的清泉以及1000多年漫长的岁月似乎早已超过人力可以达到的极限。

据说，除纳粹统治时期外，1000多年来附近村庄的居民每天都来此取水。

慕名而来的研究人员和旅游者更是络绎不绝地到此研究、参观。石棺却泉涌依旧，绝无断水的迹象。而且，这水与附近涌出的水质成分相去甚远，含有微量的砷、氟、锶等物质。假如是剧烈的温度变化带来的水汽，那么大理石棺上便应留有大量的碳酸钙，但是奇迹之水的成分中并没有这种物质存在。

1961年，两位法国工程师断言此水由地下水流入石棺所致，也曾将石棺垫高，但泉水依然一如既往，长流不息。瑞士学者亦曾专程前往探秘，但仍然无功而返。

自从1970年，英国《泰晤士报》悬赏数百万英镑来揭开石棺之谜之后，已有来自美国和欧洲共19个国家的100多位科学家光顾阿里伏尔特什小村，他们使用各种各样的方法和科学仪器设备进行研究，可是，都徒劳无功，直到今天仍没有破秘之人。用于悬赏的钱币依然寄放在修道院的金库里，谁也没能领走。

海域上的"鬼门关"

在非洲南端，阿扎尼亚境内的好望角，每年，至少有100多天狂风怒号，海浪滔天。最平静的日子里，海浪也有2米高，起风的时候，浪高有时竟达15米！这里常常发生海难事故。

15世纪80年代以前，很少有人知道非洲大陆的最南端究竟在何处。为了弄明白这一点，许多人雄心勃勃地乘船远航，但结果都没有成功。

1487年8月，一位名叫巴特罗缪·迪亚士的葡萄牙航海家，受国王约翰二世的委托，去寻找通向印度的新航线。

迪亚士组织了3条50吨的小型单帆木船，从里斯本出发，沿着非洲西海岸一直向南行驶。到达奥兰治河入海口附近以后，又继续朝南行驶了两三天。结果，在鲸湾附近，他们遇到了强烈的暴风雨。

海浪铺天盖地地向他们扑来，苦涩的海水直朝嘴里灌，人们身上没有一处是干的。然而，大海还是没有放过他们，巨浪继续像恶狼一般向3条小船猛扑。有两条小船被掀翻了，剩下的一条也像树叶一样在海里上下颠簸。

剩下的小船总算没有被掀翻，狂风将它们向西南方向吹去，海岸线看不见了，迪亚士来到了无边无际的大西洋中。

以后的13个昼夜，风暴始终没有停息。他们听凭风浪摆布，在死亡边缘挣扎。

两周后，风暴终于停了。迪亚士上了甲板，看着远处海天相接处，知道自己已经远离海岸线了。他想，船一直被西风吹着朝前漂。现在，只要向东行驶就应该能够找到非洲海岸。所以，他下令船朝东航行。

可是，尽管船一个劲朝东航行，还是没有看到陆地。船员们不禁着了慌，他们缠着迪亚士，要求他想办法。

迪亚士考虑了好一会，暗暗下了决心。他想，既然向东也看不到陆地，船会不会已经被风吹过了非洲大陆的尽头？如果真是这样，朝北行驶一定能够重新看到大陆。

果然，当船折向北航行之后，他们又看到了久违的陆地。自此，迪亚士率船改向航行。在经过非洲最南端的时候，水手们看到，一碧如洗的天空下，一个陡峭的大岬角耸立在大西洋中。

1488年12月，迪亚士等人经历了千辛万苦以后，终于回到了葡萄牙首都里斯本。国王约翰二世亲自接见了他，并向他询问了这次探险的经历。迪亚士一五一十地向国王讲述了历经磨难，以及发现风暴角的经过。国王认为"风暴角"的名字不吉利。既然风暴角位于通往印度的航线上，看到了风暴角，便看到了希望，就叫"好望角"吧。于是，"好望角"这个名称便传开了。

可是，"好望角"并不因为国王给起了一个好名字而变得驯服，照样是终日风浪，桀骜不驯。

1500年，连好望角的发现者——迪亚士也不幸在好望角附近的海面上丧生。仅20世纪70年代，好望角一带就有11艘万吨货轮遇难。

在众多沉船事故中，一艘名叫"世界荣誉"号的油轮，沉没得最令人感到意外。

那一次，"世界荣誉"号装载着49000吨原油，从"石油之国"科威特驶往位于欧洲西南部的西班牙。这艘巨轮设备先进，船体坚固，船员们的经验十分丰富，真称得上是世界一流船只，一流水手。照理说，这一趟航行是极为安全的。

可是，当"世界荣誉"号从北向南驶近好望角时，灾难突然降临了，20多米高的巨浪当头向油轮压了过来。当巨轮刚从深渊中浮起时，船底又涌起一股汹涌的浪头，将船"托"上浪峰。由于巨浪来得太突然，悬在空中的油轮，船头和船尾失去了支撑，而中部却承受不住几万吨原油的重力作用，船体终于出现了裂缝。在接二连三的海浪冲击下，船最终一折为二，很快地下沉了。待到风浪暂停后，海面上除了浮着厚厚一层原油，什么都没有剩下。

好望角一带屡出意外引起了世界的震惊。在连接红海和地中海的苏伊士运河开凿以前，这里是大西洋和印度洋之间航运必经之路。即使在今天，37万吨以上的巨轮也还是要绕过好望角。西欧和美国所需要的石油，一半以上需用超级油轮经过好望角运送。

一批又一批的科学家来到好望角附近，调查研究这里风急浪高的原因。经过一段时间的工作，科学家将造成好望角附近海域风浪大的原因归纳为以下两种说法：

一种观点认为，好望角附近海域风浪大是由于西风带造成的。好望角位于非洲大陆的西南端，像一个箭头突入大西洋和印度洋的汇合处。因为好望角恰恰位于西风带上，所以当地经常有大风，大风激起了巨浪，经过的船只就处在危险之中了。

"西风带说"的理论固然吸引人，但它存在一个致命伤。因为这种学说不能解释在不刮西风的时候，为什么海浪还是如此之大。一年365天，并非天天刮西风，刮西风时海浪可能被风激得老高老高，但不刮西风时呢？海浪还是那么大，那又该如何解释呢？

针对这一点，美国一位科学家提出了另一种说法——"海流说"。这位科学家分析了多起在好望角附近海域发生的海难事件。他发现，每次发生事故时，海浪总是从西南扑向东北方，而遇难船只的行驶方向是从东北向西南。也就是说，船行的方向正好和海浪袭来的方向相反，船是顶浪行驶的。

科学家在调查当地的海流情况时发现：好望角附近水下的海流与船只行驶的方向是相同的，换句话说，海底的海流推动船只顶着海浪前进，几股力量的共同作用就造成了船毁人亡的结果。然而，"海流说"和"西风带说"一样，也存在着不足。比如，海水是流动的，很难断定，在一年中，海流的方向始终保持恒定。然而，不管是什么日子，船一到好望角附近的海面，马上就落入危险的境地，这又是为什么呢？科学家们很难自圆其说。

南极的"不冻湖"

南极在地球上最南端，人们一提起它，首先想到的就是一个"冷"字，就是那人迹罕至的冰雪世界。

在南极，放眼望去，皑皑白雪、银光闪烁。这 1400 万平方公里的土地，几乎完全被几百至几千米厚的坚冰所覆盖，零下 50℃～60℃ 的气温，使这里的一切都失去了活力，丧失了原有的功能，石油在这里像沥青似的凝成黑色的固体，煤油在这里由于达不到燃烧点而变成了非燃物。

然而，有趣的自然界却奇妙地向人们展示了它那魔术般的奇迹：在这极冷的世界里竟然奇迹般地存在着一个"不冻湖"。

"不冻湖"，面积达 2500 多平方公里，湖水遭到了极其严重的污染，并有间歇泉涌出水面。

科学家们对这个湖的周围进行了考察，发现在它附近不存在类似火山活动等地质现象。那么，酷寒地带怎么会出现"不冻湖"呢？

后来，探险家们在冰天雪地的南极大陆，发现了 20 多个湖泊，这些湖泊有的终年不冻，有的虽然湖面上有一层冰冻，但湖水温暖。科学家们对南极这些"不冻湖"深感兴趣。研究发现，南极湖泊有三类：一类是湖面冻冰，冰下是液态水；另一类是湖面季节性冻冰，夏季湖面解冻，液态水露出湖面；还有一类是无论何时湖面水也不冻。最令人惊奇的是范达湖，它表面虽然有一层 3 米～4 米厚的冰层，近冰层水温为 0℃ 左右，但是随着深度增加，湖水温度迅速提高，在 60 米深的湖底，水温接近 27℃。

科学家们对"不冻湖"的形成原因进行分析、研究和推测，提出了各自不同的见解。

　　有的科学家提出，这是气压和温度在特殊条件下交织在一起的结果。持这一见解的人指出：在3000多米冰层下的压力可达到278个大气压，在这样强大的压力下，大地所放出的热量比普通状态下所放出的热量多，而且冰在零下2℃左右就会融化。

　　另外，冰层还像个大"地毯"一样，防止了热量的散发，使得大地所放出的热量得以积存，这样在南极大陆的凹部就可以使大量的冰得以融化，变为"湖水"。

　　另有一些科学家则认为：在南极的冰层下，极有可能存在着一个由外星人所建造的"秘密基地"，是他们在活动场所散发的热能将这里的冰融化了。

　　还有的科学家指出：这是个"温水湖"，很有可能在水下有个大温泉把这里的水温提高了，冰被融化了。可有些人反驳说：如果这里有温泉水不断流入湖里，为什么湖上冰冠没有一点融化的迹象呢？

　　为了解释这一问题，人们在冰层上架起了钻机，取得了冰下的样品，发现湖底的水完全是凉的，这就说明在湖下并不存在温泉，湖水不是由于温泉而热起来的。

　　还有人认为：湖水是由太阳晒热的，"不冻湖"四周被冰山包围着，实际上是一潭死水，它很容易聚热。冰层起到了一个透镜的作用，这种透镜可以使太阳光线聚焦，成为湖上的一个热源。当阳光照在四面冰山上的时候就有少量的热被折射到这个聚焦镜上，天长日久，就形成了这一冰川上的"不冻湖"。但同时也有人提出为什么太阳不会把湖面的冰融化呢？如是冰起到透明镜的作用，那么，为什么其他的地方没有这种现象呢？

　　围绕"不冻湖"的问题，各种推论、猜测纷纷提出，然而到现在为止还没有一个科学家能拿出令人满意、使人信服的结论。

　　这冰山上的"不冻湖"的确太富有传奇意味了，它难倒了多少科学家，使他们不得不进一步进行综合考察，力争早日揭开这神秘的面纱。

海地"还魂尸"

在西印度洋岛国海地,时常能听到关于"还魂尸"的故事和传说。以至当地有些人在亲人死后要将其喉管割开、或在心脏上钉上一枚大尖钉,据说就是为了避免让死者再活过来当"还魂尸"。

所谓"还魂尸",是指一个人死后又被巫师施法唤醒,成为供其驱使的奴隶。"还魂尸"能行动,能吃东西,听从对他发令者的话,有时甚至也能讲话,但没有记忆力,也不知道他自身所处的环境。如同我国古老迷信传说中的僵尸。

这究竟是怎么回事?有无这样的"还魂尸"?这神秘而难解之谜,激起了许多科学家的好奇和兴趣,他们都试图去打开这层神秘的面纱。

美国哈佛大学生物学博士戴维斯经过10多年的研究,向世人宣布:"还魂尸"确实存在,而且今天仍有。从科学上讲,是巫师掌握了一种强效还魂药。

戴维斯曾深入到南美亚马逊河流域的土著人部落,致力于土著动植物的药理和毒性效力研究。他发现这里有很多毒草、毒物如马钱子、曼陀罗、河豚、蟾蜍等都含有生物毒素。马钱子毒被土著人涂于箭端,用于捕猎、进攻和自卫;曼陀罗在一些土著部落被用作一些手术的麻醉剂……这些毒素的毒性极强,研究认为,河豚毒素的麻醉药效比可卡因强16万倍,蟾蜍毒素、曼陀罗毒素有很强的致幻作用。

土著巫师、巫婆懂得很多这方面的知识。千百年来,他们通过反复试验和分析,掌握了一套剧毒药的毒性机理和配方使用原则。

戴维斯从日本人吃河豚中毒死亡后,埋葬时又苏醒的两起事例中得到启发，他认为使用恰当剂量的毒素会使人假死。于是，他抱着虔诚的态度向土著巫师请教。巫师秘而不宣。但在戴维斯颇具眼力的分析追问下，一位巫师悄悄告诉他：配制一定剂量的毒素使人假死，然后再用一定剂量的解毒致幻剂使其复活而任人摆布；但致死剂量要恰到好处，一旦中毒太深，就还魂无术了。

戴维斯设法搞到了一些"还魂药粉"和"还魂膏"，对其进行了认真的分析、研究，提出"还魂尸"就是人处于稳定的麻醉状态。最终揭开了"还魂尸"的秘密。

原来，巫师配制了含有蟾蜍毒素、河豚毒素和其他一些植物毒素的药剂，选定一人，将药涂于他的皮肤上。于是，此人就会心跳变慢，脉搏变微而被当作死人埋入墓中。然后，巫师把他从地下掘出，解毒弄醒，再让其服用山药（解毒药）和曼陀螺制剂，使其处于稳定的中毒沉醉状态，从而任人摆布。

海地岛上流传着一个名叫纳西斯的"还魂尸"的故事。1962 年，纳西斯因与家人不和，被其兄弟毒死了，当地医院出具了死亡证明，并在举行葬礼后被埋入坟墓。1980 年，他又俨然一个活人重返故里，把认识他的亲朋故友都吓坏了。他承认自己当了"还魂尸"。18 年前被人当作奴隶卖给了一家甘蔗园，两年后他的主人死了，他便在外流浪了 16 年。海地太子港精神病研究中心对纳西斯进行了全面检查和探索，确认他确实被施行过还魂术。

纳西斯的经历正好支持了戴维斯的理论：稳定的麻醉状态就是还魂尸的基本状态。

但是，对于制造"还魂尸"的一些毒物的更多情况，目前还不很清楚。不过对戴维斯来说，上述初步发现已是很大的鼓舞。他说："从研究还魂尸的经验来看，即使是那些耸人听闻的报告也是有研究价值的。"他将为此继续深入研究下去，彻底拨开迷雾，找到完整的答案。

谜 岛

在浩瀚辽阔的太平洋东南部，有一个面积仅 117 平方公里的小岛，却被明显地标注在许多国家出版的世界地图上，这就是智利的复活节岛。岛上遍布火山，海岸陡峭，地势险要。

复活节岛又叫伊斯特岛，离智利本土 3800 多公里。因为它是在 1772 年 4 月 5 日复活节（庆祝基督复活的日子）那天被著名航海家——荷兰海军舰队司令雅可布·罗杰文发现的，所以罗杰文司令给它命名为"复活节岛"。

这个岛上没有树木，但有许多举世瞩目的神奇之物。在岛的南部高大石墙残迹后面，矗立着 500 多尊造型奇特的巨人石雕像。这些石像的重量从 4.5 吨到 50 多吨不等，最高的一尊没有完工的巨大石像，重达 400 吨，仅头上的红石帽就有 30 吨。此外，还有被称为"天书"的石板，长约 2 米，上面镌满了人、兽、鱼、鸟组成的方块象形文字。刻字的方法十分奇特，一行从右至左，一行从左至右，前后两行首尾相接，构成"S"形。这种石板目前只剩下 25 块，上面的文字谁也看不懂。

这样一个小小的海岛上，竟有 1000 多尊巨大石像，是什么人、在什么时候、抱着什么目的雕刻的呢？要知道，当时岛上的居民还不懂得使用铁器，连最简单的工具都不会使用。还有，那么巨大的石像又是怎样搬运的呢？此外，天书上的文字又说明了什么？如果它们真是地球人的杰作，那么，古代复活节岛的居民是怎样把这些巨石雕像竖起来的呢？岛上摆如此多的石像，这是为什么呢？

一些迹象表明，这些石像都是成批制造、成批完成的。在岛上的东南部，人们发现了 300 多尊尚未完工的巨像，很显然，创造者们是突然地停下他们

的工作的。在拉诺拉拉库火山，人们又发现了 40 多个神秘的洞穴和许多未完成的雕像。如此庞大的工程得需要多少人同时工作？岛上过去有那么多人吗？

对于这许许多多的谜，200 多年来，各方面的专家、学者进行了大量的实地考察和研究。尽管他们提出了各种各样的推测，可是，这些观点不仅缺少实证支持，而且大多数都经不住推敲。所以，复活节岛还是名副其实的世界谜岛。

石球之谜

当震耳欲聋的爆炸声还在艾弗尔的瓦尔夫格堡采石场上空回荡的时候，魔幻般的奇迹发生了：从炸裂的岸壁中滚出一个直径约15米、重约100吨的巨型石球，它沿山谷而下。后来，它终于停了下来，不再滚动，从此就一直躺在那儿。这个庞然大物是怎么形成的？这个问题对科学家来说，至今仍是一个难解之谜。

瓦尔夫格堡并不是世界上唯一的出现石球的地方。在巴西的茹安维尔，有一个由德国人威廉·蒂布尔齐乌斯创建的博物馆，馆中收藏着许许多多大小不等的令人入迷的石球。

据说，这些石球是印第安人或是天主教徒制造的，来自一个名叫科鲁巴的地方，在这个偏僻的科鲁巴地区，人们随处都能看到四散在各处的直径不同的石球。住在那里的一位德国工厂主就收藏着各种石球、双连球以及石片中夹着的石球。这清楚地表明，石球不可能是印第安人或天主教徒的手工制品，它们是大自然的产物。

在圣保罗有两个爱好自然的德国人，多年来，一直在跟踪寻找石球。他们收集了许多千奇百怪的石球，并把一些石球送到汉堡，请土壤学家作了显微镜检验。检验结果发现，组成石球的物质是粘结很牢的砂岩，其中80%的成分是棱角锋利的石英，空隙中填满了长石、云母和黏土。

但是，这种球形形状究竟是怎么形成的呢？不仅矿物学家就是地质学家也不能给出满意的答案。难道让石球的奥秘永远这样没有科学的答案吗？不能，应该有一个明确的解释。

英国沉积学家理查德提出了一个渐渐聚结的概念："球形矿物质体的连锁

变化引起向石头演变。"在可以聚结成一块结构松散的砂岩的水下沙层中，矿物质的分泌物挤进了沙粒的空隙。一旦这种分泌物达到饱和的地方出现一个结晶核（如石灰晶石、铁碳酸盐、甚至可以是植物的一点残骸），就以这个核为中心出现结晶现象。结晶分泌物又封住了沙粒，在温度和物质凝聚等条件相同的情况下，结晶过程就以同样的速度向四面八方延伸，于是在砂岩胶结的地区就会有球状体出现。当然，一旦物质分泌终止，球形聚结过程也会停止。这时，砂岩球体已经形成。

随着岁月的消逝，石球外面的、松软的地表层被风化而剥落，牢牢连结起来的由岩粒组成的球体便渐渐暴露出来。这种过程往往需要几百万年。由炽热的火山岩浆构成的玄武岩石球的形成过程大致也一样。

至于双球体——两个球体连在一起的石球是怎么形成的呢？这是因为在结晶过程开始时，两个结晶核靠得很近，互相阻碍了对方结成圆形体，所以使两个（甚至几个）石球靠在一起或叠在一起。

事实是否如此，有待科学家们去探索证实。

死丘事件

大约在 3 万年前, 一天, 位于印度河中央岛屿上一座古城的居民还和往常一样, 日出而作, 日落而息, 过着平静的生活, 谁也不会想到一场灾难正悄悄地逼近他们。顷刻之间, 岛上的居民几乎在同一时刻全部死去, 古城也随之突然毁灭。

这就是被科学家列为世界难解的三大自然之谜之一的"死丘事件"。

谁是真凶?

这一神秘"死亡事件"一直困惑着科学家们, 至今仍未找到一个圆满的答案。尽管如此, 科学家们还是从不同的角度对"死丘"毁灭的原因进行了种种推测。

从地质学和生态学的角度讲, "死丘事件"可能是由于特大洪水把位于河中央岛上的古城摧毁了, 致使城内居民同时被洪水淹死。然而, 如果真的是因为特大洪水袭击, 城内居民的尸体就会随着洪水漂流远去, 就不会在城内留下如此大量的骷髅, 况且人们在发现的废墟里也没有发现遭受特大洪水袭击的任何证据。

如果说是由于一次急性传染疾病而造成全城居民的死亡, 那么全城的人也不可能几乎在同一天同一时刻全部死亡。从废墟骷髅的分布情况看, 当时有些人似乎正在街上散步或在房屋里干活, 并非患有疾病。古生物学家和医学家经过仔细研究, 也否定了因疾病传播而导致死亡的说法。

此时, 又有人提出了外族人大规模进攻、大批屠杀城内居民的说法。可是入侵者又是谁呢?

在对"死丘事件"的研究中, 科学家又在城中发现了明显的爆炸留下的痕迹，爆炸中心的建筑物全部夷为平地，且破坏程度由近及远逐渐减弱，只有最边远的建筑物得以幸存。科学工作者还在废墟的中央发现了一些由黏土和其他矿物质烧结而成的散落的碎块。罗马大学和意大利国家研究委员会的实验证明：废墟当时的熔炼温度非常高，这样的温度只有在冶炼的熔炉里或持续多日的森林大火的火源处才能达到。然而岛上从未有过森林，那么，大火只有源于一次大爆炸。

其实，印度历史上曾流传过远古时发生过一次奇特大爆炸的传说，那些"耀眼的光芒"、"无烟的大火"、"紫白色的极光"、"银色的云"、"奇异的夕阳"、"黑夜中的白昼"等描述也都为此提供了证据。

那么，造成"死丘事件"的真正原因究竟是什么呢？这将一直激励着科学家去探索考证。

贝加尔湖之谜

贝加尔湖，古代的西伯利亚人叫它"谜语之海"。13世纪的意大利著名旅行家马可·波罗，是第一个提到贝加尔湖的欧洲人。俄国人直到17世纪20年代才知道有这么一个湖。这里丰富的鱼类和海豹吸引了第一批俄罗斯移民，他们就在此建立了渔村。

18世纪初，彼得大帝派出了第一支考察队，考察了东西伯利亚和贝加尔湖沿岸地区。十月革命后，苏联在这里成立了贝加尔湖考察站，进行了大量的调查和研究活动。科学家们认为，几百万年以前，像贝加尔湖中的许多特殊的淡水生物，在世界各地都有，但经过漫长的岁月和大自然的严酷袭击，它们差不多都被无情地淘汰灭绝了。

那么，那些典型海洋生物，又是通过什么方式、在什么时候进入贝加尔湖的呢？过去的学者认为，贝加尔湖在古代不是海洋，而是与海相通的海湾。古生物学和地质学家，在湖岸以东地区，发现了中生代700万年以前的海洋沉积物。他们断定，当时在那里曾有过一个外贝加尔海。后来由于地壳变动，造成海退，但还是留下了宽广的内陆蓄水池。因为雨水不断加入，湖水渐渐由咸变淡，并且步步向西移动，到达现在的贝加尔湖地区，分散成一系列由河流连结起来的湖泊，贝加尔湖就是其中最大的一个。湖里的海洋生物，是千万年前来不及撤退的"老祖宗"繁殖出来的子孙后代。

少数科学家认为，贝加尔湖里的海洋生物来自地中海。古地中海比目前的地中海宽广得多，后来发生了地壳运动，古地中海东段都变成了山，仅在中亚细亚地区还剩下少数湖泊，如里海、咸海等。

确实这些古代海洋变成的咸水湖里，至今还有不少海洋生物。他们说，尽管贝加尔湖海豹同北冰洋里有环纹的海豹是亲属，但却和遥远的里海海豹更相似，这说明贝加尔湖可能是在古地中海消退之后生成的。

这些争论，都不可避免地归结到贝加尔湖的起源，它是什么时候，又是怎样形成的？而要了解它的过去，就必须研究沉积在湖底的岩石标本，才能精确地推断湖盆的年龄和历史。

随着科学技术的发展，20世纪50年代初，科学家在贝加尔湖滨打了几个很深的钻井。在取上来的岩芯样品中，没有发现任何中生代沉积岩层，而只有新生代的岩层。

科学家根据这些资料，再结合邻近地区在地质、古生物和古地理方面的材料，证实贝加尔湖地区在中生代时既没有被海水淹没过，也不存在湖泊，在很长时间里一直是陆地。贝加尔湖的地质史告诉人们，它还是一个"新生儿"，大约诞生于2500万年前的新生代。当时由于强烈的地壳断裂活动，围绕贝加尔湖的山脉急剧升高，湖盆迅速地陷落下降，形成了一条狭长深陷的谷盆，从而诞生了世界上最深的淡水湖泊——贝加尔湖。

这个结论无情地否定了贝加尔湖起源于海洋的猜测。于是，一些科学家又提出了新的假说，他们认为海洋生物是从北冰洋沿着河流进入贝加尔湖的。有的说，这些"外来者"的捷径先是叶尼塞河，然后上溯到支流加拉河，再直达湖中。也有人说迁移路线是沿勒拿河、维蒂姆河到达贝加尔湖的。但是不管走什么路线，这种大规模的迁徙都发生在比较近的地质时期。

有人对此表示怀疑，理由是这些海洋生物为什么要兴师动众搬到贝加尔湖来居住呢？他们认为，这些所谓的"海洋生物"是贝加尔湖中土生土长的。当一般的淡水生物进入浩瀚的、像海一样深的贝加尔湖以后，争取生存的斗争，使它们身上慢慢出现了与海洋生物类似的典型标志。

不过，有人反对说，有些生物的海洋特性，不可能是后来在淡水湖中获得的。于是许多人就采取了折中的看法：少数生物如海豹等，是从北冰洋游进来的"不速之客"，而其他一些所谓的"海洋生物"，则是贝加尔湖特定环境之中生成的。

关于贝加尔湖特有生物起源问题的争议，就像贝加尔湖本身一样，变幻不定，莫测深奥。

令人费解的冬热夏冷之地

也许你知道有冬季从地下冒出热气的地方，也许你听说过有夏季从地下冒出冷气的地方。那么，你是否知道集夏冒冷气、冬冒热气于一身的地带呢？这一非常罕见的地带就在我国辽宁省东部的桓仁县，总长约 15 公里，从桓仁县沙尖子镇船营沟向西南延伸到宽甸县的牛蹄麓。

据有关报道，20 世纪末的一个夏天，桓仁县沙尖子镇的农民任洪福在堆砌房北头的护坡时，偶然注意到扒开表土的岩石空隙里，不断冒出阵阵寒气，他感到非常惊讶。当时任家就在冒气强烈的这段护坡底角，用石块垒成了长宽各约 0.5 米，深不到 1 米的小洞：至今这个小洞冒出的冬热夏凉的气体，仍然令人不解。

盛夏，洞内温度为 -2℃，石缝处竟为 -15℃。洞口放鸡蛋能被冻破蛋壳，洞内放杯水会变成冰块，雨水泄入石缝冻成缕缕冰柱；人们站在洞口六七米外，只消一二分钟就冻得发抖。

据说，1946 年的夏天，一个国民党军官将大汗淋漓的战马拴在洞口附近的树桩上，第二天早晨，这匹马已冻倒在地不能动弹了。近几年来，每逢夏季，大家都利用这口天然小冷库，为乡亲们和沙尖子镇街上的饭店、医院、酒厂、兽医站等单位储存鱼、肉、疫苗、曲种、菌种等物品，冷冻效果十分理想。

而立秋以后，周围地温不断转冷，这里的地温却由冷趋暖。

到了严冬腊月，野外冰封地冻，寒风凛冽，各种草木纷纷枯萎凋零，而这个地带却是热气腾腾，温暖如春。凡是冒气的地方，整个冬天始终存不住冰雪。特别是任家屋后，种下的蔬菜茎粗叶壮，十分繁茂。1986 年，任家在冒气点附近平整了一小块土地，上面盖了塑料棚，栽种大葱和蒜，一冬割了两次蒜苗。据测，棚内气温保持在 17 度。

国家地震局、辽宁各级地质部门和新华社等单位，曾多次派人来这里实地考察，进行一系列的仪器测试，并对其成因展开学术讨论，但至今尚未定论。

有人认为这里有庞大的地下储气构造和特殊的保温层，使地下可以储存大量的空气，导致地下的温度变化比地面缓慢。冬季，冷空气不断进入储气构造，可以一直保温到夏季才慢慢放出来，而夏季进入的热空气又至冬季才慢慢释放出来。

也有人说，由于特殊的地质条件，这里的地下可能有一冷一热两条重叠的储气带，始终在同时释放冷热气流。遇到寒冷季节时，冷气不为人发觉，而热气惹人注目；遇到暑热季节时则寒气变得明显。

还有人猜测，大概这里地下的庞大储气带上有一些方向不同且会自动开闭的天然阀门：冬天吸进冷气，放出热气；夏天吸进热气，放出冷气。

人们期望科学家能及早弄清这异常地带的奥秘。

琥珀化石

　　几位古生物学家从一块生成于 6700 万年前的侏罗纪的琥珀化石中发现了一只蚊子。侏罗纪正是恐龙称霸地球的时代，蚊子吸食的目标当然离不开恐龙。于是，便从蚊子血中成功地提取了恐龙的脱氧核糖核酸分子，并把它移植到同样的爬行动物鳄鱼身上，然后用鳄鱼卵孵出了恐龙……描述史前动物恐龙再生奇观的美国科幻影片《侏罗纪公园》，又一次在世界上掀起了恐龙热，也给琥珀增添了神秘的色彩。

　　关于琥珀，在古希腊神话中也有传说：太阳神的儿子浮衣东，有一天趁父亲外出之际，将太阳车偷了出来想游玩一番。谁知，驾辕的神马不听他的使唤，又跳又叫，狂奔乱跑，霎时把蓝天搅得日月无光、昏天黑地。就在这天要破碎，人要遭殃的危急关头，太阳神发现了，怒不可遏，挥手发出万钧霹雳，击毙了浮衣东。他的妹妹赫丽提斯听到哥哥的死讯，伤心地哭起来，滴滴泪珠落在地上，变成了金闪闪的琥珀。

　　我国古人对琥珀的认识颇为奇特，说是老虎变的。如宋代黄休复在《茅亭客话》中，记有老虎的魂魄入地化作琥珀的传说。对此，连明代的大药物学家李时珍也误信为真，他说："虎死则精魄入地化为石，此物状似之，故谓之虎魄。俗文从玉，以其类玉也。"倒是唐代诗人韦应物独具慧眼，在《咏琥珀》诗中道破了天机："曾为老茯神，本是寒松液。蚊蚋落其中，千年犹可观。"生动传神地描述了琥珀的来历和里面昆虫化石形成的过程。

　　距今 4000~5000 万年以前，地球上覆盖着茫茫的原始森林。由于受狂风暴雨摧折，雷电轰击，野兽践踏，树木枝干断裂。其中松科植物断裂的"伤口"处流出树脂，因树脂含有香味便引来许多昆虫，被粘在上面，包裹进去。

若干万年以后，由于地壳构造的急剧运动，大片森林被深深埋入地层，树木中的碳质富集下来变成了煤，树脂在煤层中则形成了琥珀化石。

自古以来，琥珀是人们心目中的灵物，美好吉祥的象征。2400年前，古希腊人称琥珀是"北部的黄金"。古罗马的尼禄时代，贵族以佩戴琥珀饰物为时髦。我国汉代时，琥珀戒指及项链成为上纳宫廷的贡品。五代时，建造皇宫用白玉作柱，顶棚上则用琥珀制作成太阳和月亮。宋代皇帝的龙袍及平天冠上，也装饰上琥珀以显示权贵。古代的能工巧匠将琥珀雕制成如意、镜盒、酒杯、枕头等物。筵席上以用琥珀杯盛酒为豪华，因此杜甫有"春酒杯浓琥珀薄"的诗句。琥珀品种多且极珍贵，《天工开物》中说：猫睛黄而微带红的琥珀最贵重，此值黄金5倍价。在众多琥珀中，有色黄重如岩石的"石珀"；红黄相间，色彩斑斓的"花珀"；还有灵珀、腊珀、明珀、香珀、血珀、煤珀等，令人眼花缭乱。如今，琥珀被用于许多领域，如利用琥珀提取香料；加工制成琥珀酸，漆料；在电子工业中用作绝缘材料；用琥珀雕刻的各种精美工艺品，尤为中外消费者所喜爱。琥珀还是疗疾良药，《名医别录》中将其列为上品，具有"安五脏，定魂魄，消淤血，通五淋"之功效。

在科学家眼中，琥珀化石是地球上一部古老的史书，是研究地质年龄、远古生态环境的珍贵标本。琥珀化石中那栩栩如生的昆虫，能向人们"诉说"史前大森林中昆虫群落情景，以及亿万年来昆虫的演化过程。

美国加利福尼亚大学生物学家对一块40万年前波罗的海琥珀化石中包裹的小虫进行研究后发现，这只小虫不但没有腐烂，而且组织柔软如初。显微镜下的小虫腹部细胞内部结构完整无损。加利福尼亚科技大学的专家们，还从一块1.2亿年前的琥珀化石中密封的一只象鼻虫身上成功地提取出了目前最古老的脱氧核糖核酸分子。正是这一重大发现引起了科幻作家的创作灵感，使科幻影片《侏罗纪公园》得以问世，幻想出灭绝物种恐龙的再生过程。

通古斯大爆炸之谜

也许你始终认为广岛原子弹爆炸是迄今为止威力最大的爆炸，然而，1908 年发生的通古斯大爆炸，其威力居然超过了广岛原子弹爆炸的 1000 倍！

这次爆炸发生在俄国西伯利亚叶尼塞河上游通古斯卡河原始森林里。

据目击者称，爆炸时，空中升起一个比太阳还要亮十倍的火球。火球发出的热量十分巨大，把周围一切可燃烧的东西全都燃烧起来，山上繁茂的森林也毁掉了，树林中的动物更是无一幸存，甚至连动物的骨灰也找不到。烈火和浓烟直冲高空，估计有 20 多千米，从远处清楚可见一个巨大的火柱。然后上升的浓烟呈现出巨大的蘑菇云状。紧接着就是一阵剧烈的爆炸声，距离爆炸中心 1000 多千米远的地方，都能清楚听见。爆炸的冲击波使方圆几十公里以内的树木几乎全部被连根拔起，冲击波所形成的飓风更是将周围的房屋全部卷走。爆炸还引起了地震，甚至使英国各地的气压持续波动几十分钟。

是什么导致了通古斯大爆炸呢？有的认为是核爆炸，有的认为是陨石爆炸，有的认为是反物质爆炸，有的甚至认为是天外宇宙飞船的失事造成的……

（1）核爆炸说。参加调查通古斯事件的一些科学家来到广岛，他们惊讶地发现原来广岛原子弹爆炸与通古大爆炸是如此的相似：那些连根拔起的树木朝着爆炸中心呈放射状匍匐倒地，而距爆炸中心几百米的地方，树叶尽落、树木枯焦，却依然屹立不倒。

于是，科学家据此猜测通古斯大爆炸也可能是一次威力无比的核爆炸。并认为，那种耀眼的"闪光"，就是核爆炸发出的闪光；那种高达几十千米的"火柱"，就是原子火球；那种笼罩在地面上的黑烟，就像是原子弹爆炸的蘑菇云；那种几十千米以外的人们所感到的灼热，正是爆炸的热辐射引起的。后来，科学家们又对通古斯地区的土壤和植物进行了大量的放射性剂量的测定，结果发现爆炸中心的放射性剂量比三四十千米以外的地方要高好几倍。一位科学家据此推算这次大爆炸的光辐射能量约占总能量的30%，而这个比例正是核爆炸所特有的。

因此，越来越多的科学家认为，通古斯爆炸实际上就是一次威力无比的核爆炸。但当时地球上还没有原子弹，人们不禁要问：这次核爆炸究竟是怎样发生的呢？

（2）陨石爆炸说。通古斯爆炸发生后，人们最先认为可能是陨石爆炸。前苏联矿物学家科列克认为，威力如此大的爆炸，只有可能是重达几万吨以上的宇宙物体，突如其来坠入地球的大气圈才能形成。于是他带领考察队先后多次对通古斯地区进行实地考察，看看是否有陨石坑存在。然而遗憾的是，在爆炸中心地带除了发现数十个大大小小的平坦洞穴外，并没有找到像美国亚利桑那大陨石坑那样的巨大环形坑。他们选择其中最大的一个洞穴，并把钻头打到75英尺的土层中，可是连半个陨石碎片也没找到。针对这种结果，科列克解释说，那些洞穴可能是反弹坑，陨石在那里一碰到地面，就又被反弹到空中，或被高温气化了。但这种解释还不能消除人们的种种疑问，因为不留下任何陨石碎片的碰撞，几乎是不可能的。

（3）反物质爆炸说。这一学说是美国诺贝尔奖金获得者李比和其他两位物理学家共同提出的。他们认为，当一颗反物质构成的陨石与大气层的普通物质相撞时，就会像原子弹爆炸一样，双方的所有物质在刹那间全部转化为能量，所以也就没有留下陨石块和陨石坑。李比认为，反物质爆炸的结果之一是：大气层中放射性碳含量将增加。若果真如此，那么必将在树木的生长中有所反映。于是，他对亚利桑那和洛杉矶的树木年轮进行研究，结果发现正是在通古斯爆炸之后，树木中的碳14的含量才猛增。

（4）天外宇宙飞船失事说。这种说法更有点像传奇小说，最早由前苏联科学家卡扎切夫提出。他认为，可能是一艘遥远地方的高级智慧生物制造的核力宇宙飞船，选择西伯利亚作为它的降落点，大概是机器失灵，着陆前发生爆炸。由于宇宙飞船闯入大气层时没有减速，当它接近地球时，就会由于摩擦突然燃烧起来，而发生爆炸。

（5）彗星说。前苏联科学院院士彼得罗夫认为，来自天外的不速之客很可能是一颗彗星，它由稀松的雪团和宇宙尘埃组成，以每秒几十千米的速度冲进大气层，因受到了地球大气层的强大阻力，在地球上空 10 千米 ~ 15 千米处发生了剧烈爆炸。彗星本身的动能则变成一股巨大的冲击波，温度急剧升高到几千摄氏度。冲击波摧毁了树木，热气点燃了森林，彗星的雪团因此而蒸发，仅有难熔的宇宙微粒才落入地面。

除此之外，还有很多人认为是由其他原因造成的，有人提出了"微粒黑洞说"、"天然气爆炸说"，甚至有人认为是地球内部热核强爆引起的。

"沧海变桑田"之谜

在漫长的地质史中，由于地壳不停运动的缘故，使海洋变为陆地，陆地变为海洋，洼地隆起成山，山脉夷为平地现象屡见不鲜。

相传 1831 年 7 月 7 日，在地中海西西里岛西南方的海面上，蓦然间烟雾腾空，水柱冲天、火光闪闪，在一阵震耳欲聋的轰鸣声中，从海里升起一座高出海面 60 米、方圆约 5 公里的小岛，热气腾腾像个刚出笼的大馒头。英国国王立即向全世界宣布，这个新诞生的小岛是英国的领土，并命名为尤丽娅岛。谁知在 3 个月后，尤丽娅岛竟然不辞而别，悄悄地隐没在万顷碧波中不见了。

西欧荷兰的海滨，从公元 8 世纪以来，一直以每年约 2 毫米的速度下沉着。现在荷兰的大部分地区已经低于海平面，若不是有坚固的堤坝来阻挡海水的入侵，这些低地早已沉入海底了。

喜马拉雅山脉是世界上年轻而又高大的山脉。我国科学工作者在喜马拉雅山地区考察发现，这里有三叶虫、腕足类、舌羊齿等生活在浅海中的动植物化石，说明早在 3000 多万年以前，这地方还是一片浩瀚的海洋。以后，由于地壳的运动，才隆起成为陆地。

当喜马拉雅山刚刚露出海面来到世间的时候，只不过是个普通的山岭。近几百万年以来，它却以每一万年几十米的速度迅速升高，终于超过了其他名山古岳，获得了"世界屋脊"的称号。但它并不满足，仍以每年 18.2 毫米的速度继续升高。

公元前 2 世纪，意大利的那不勒斯海湾修建了一座名叫塞拉比斯的古庙。这座古庙早已倒塌，只剩下 3 根高达 12 米的大理石柱子，至今仍矗立在海滩之上。这 3 根柱子的上部和下部，表面都非常光滑洁净，唯有当中的一截，从高达 3.6 米向上到 6.1 米的地方，坑坑洼洼，布满了海生软体动物穿石蛤所穿凿的洞穴。这是怎么回事呢？

原来在 2000 多年前，塞拉比斯庙修建的时候，这里还是一片陆地，以后地壳逐渐下沉，柱子的下面一截，被海水中的泥沙和维苏威火山灰所覆盖。到了 13 世纪的时候，海水已淹到 6 米以上，海生软体动物就附着在石柱上。以后，由于地壳上升，海水逐渐退去。现在这 3 根柱子当中一截上的小洞穴，就成了那不勒斯海湾历经沧桑的标志。

在沧桑之变的史册中，关于大西洲是否真的存在问题，还是一个有待人类用科学去解开的千古之谜。

古希腊著名的哲学家和数学家柏拉图（公元前 427 ~ 前 347 年）曾在他的两篇对话著作中，详细地记载着一个传说：大约距当时 9000 年前，大西洋中有一个非常大的岛屿，叫大西洲。那里气候温和，森林茂密，奇花异草，景色万千，盛产黄金。岛上有个文化相当发达的强国，由 10 个酋长统治着，每隔 10 年聚会一次，共商国家大事，国都有一座富丽堂皇的宫殿，建筑在山顶之上。这个国家不仅统治着附近的岛屿，而且还支配着对岸大陆上的一些地方。凭着自己强大的经济和军事力量，它曾经对欧洲和非洲发动过侵略战争，其势力范围直达北非的埃及和欧洲的某些地区。后来，由于发生了一次强烈的地震，仅在一天一夜之间，大西洲就沉落到大西洋底。

不管是喜马拉雅山的崛起，还是尚未解开的大西洲之谜，都说明沧海会变成桑田、桑田也会变成沧海的客观规律。沧桑之变的原因，主要是由于地壳不停地运动的结果。由于地壳的运动，使某些地区的陆地沉降或者抬升，引起周围海面的变化，使某些地区的海面上升或者后退，引起陆地的沉浮。时间老人告诉我们，地壳运动是缓慢的，地质历史是漫长的。沧桑之变，从地球诞生以来，从来没有停止过，今天依然存在着，将来也一定不会终止。

神秘的"神灯"奇观

四川峨眉山有两种自然奇观：一是"佛光"，白天可见；二是"神灯"，又名"佛灯"、"圣灯"，晚上可见。

"神灯"奇观，古已有之，如何形成，尚无定论。有人认为这是因为周围的磷物质比较丰富。一方面地下有磷矿；另一方面山上植物含磷元素多，这些磷物质经过白天太阳照射加热，晚上便会自燃，"鬼火"就是这样形成的。但调查表明，峨眉山周围磷含量并不高。

还有人认为，这是由于山中萤火虫特别多，而且长得比较大，因此晚上发光比较明显。可别的山为什么没有？

另一种比较新奇的说法是峨眉山有千年积雪，晶莹透明，晚上借月光反射成光，但"神光"似乎并不只是在月夜才有。

那"神灯"到底是如何形成的呢？

20世纪40年代末期，许钦文在仔细考察后以确凿证据揭开了这一千古之谜：据说，一天黄昏时候，许钦文登上峨眉山顶，碰巧那天"神灯"出现了。只见随着夜色越来越暗，无数灯光从山下出现，由暗到亮，由小到大，慢慢升腾，渐渐移向山顶。随着它的移动，许钦文用望远镜仔细看去，整个光亮的区域呈秋海棠叶形状，而且是整体移动，并非各个光亮独自移动，就像一群人晚上提着灯一齐出发似的。更奇特的是每个光亮的形状也不变，原来是三角形的始终是三角形，原来是正方形的也始终是正方形，这更增添了"神灯"的神秘色彩。

许钦文在观察后认为，这些灯的运动过程是有一定规律的，肯定是某种东西反射而成。果然不出所料，第二早晨一看，昨晚"神灯"光亮的区域内都是水田。而且当时正值春末夏初，田内积水一片，原来所谓的"神灯"，正是天上星星的倒影。又遇"神灯"之夜，他和朋友一对照，北斗星、扁担星都在其中。

无巧不成书，"神灯"奇观又在庐山重现。我国著名气象学家竺可桢在考察庐山后也是不解，便把"神灯"作为庐山"三大谜题"之一提出来，诚邀广大科学工作者一起研究。庐山中国云雾气象研究所把"神灯"作为一个课题研究多年，仍未能揭穿。

1981年，一位海军航空兵老飞行员得知这一消息，主动写信给中国云雾气象研究所，以自己亲身体验说明所谓的"神灯"不过是"天上的星星反射在云层上的一种现象"罢了。

原来，在乌黑的夜晚，有时云层湿度大，水分子多，像一面镜子。星星通过这面"镜子"反射在人的眼睛里也就像灯光在飘忽不定。云层高低不平，灯光也就错落有致。但随着时间的推移，也就整体移动。这与峨眉山唯一不同的是那里的"镜子"是水田，这里的"镜子"是云层。由此证明奇观虽奇，"神灯"不神。科学的眼睛能洞察一切奥秘。

死亡谷

在人类与动物赖以繁衍生息的地球上，有着顷刻之间可以使人和猛兽、鸟类丧生毙命的地带，这种可怕的地方一般位于狭谷之中，故称为"死亡谷"。

美国的死亡谷位于加利福尼亚与内华达之间，它是一条长达 220 公里，宽 6 公里~26 公里，面积约 1408 平方公里的大谷。死亡谷两侧是顽石突兀的峭壁，险象环生。1841 年，美国有一支寻找金矿的勘察队因迷失方向而错入谷中，结果不可思议地突遭罹难，几乎全军覆没。1949 年，又有一支探险队偶入谷地，也被一种神奇的力量所杀，只有几个人侥幸逃脱。然而，没过多久，他们也莫名其妙地一一死去，连死者的死因都无法查明。后来，曾有数批探险人员前去揭谜，但多数也葬身谷中，死亡原因至今尚未揭晓。

科学家们经过仔细调查研究，虽未发现新的线索，但却发现一个令人百思不得其解的怪现象，这个凶险莫测的死亡之地竟是鸟兽的"天堂"。

据统计，在这里大量繁衍着 200 多种鸟类、10 多种蛇类和 1000 多头野驴。各种各样的昆虫多如牛毛，它们在这里悠然自得地生活着。至今，谁也弄不明白死亡谷为什么对人这么凶残，而对动物却如此宽容厚爱。

在俄罗斯堪察加半岛的克罗诺基自然保护区内也有一个死亡谷，全长 2 公里，宽 100 米~301 米。地势凹凸不平，坑坑洼洼，不少地方天然硫黄嶙峋露出地面。这里像墓地一般死寂，到处躺着狼、獾、狗熊以及其他野兽的尸体，阴森恐怖得令人毛骨悚然。据统计，这条死亡谷已吞噬了近 30 条人命。

许多科学家曾多次冒着生命危险前去考察探险，但其结果仍是众说纷纭，有的说罪魁祸首应是积聚在陷阱中那使人窒息的硫化氢和二氧化碳气体；也

有的说是烈性毒剂氢氰酸和它的衍生物，莫衷一是。奇怪的是，离死亡谷只有百米路之远的地方，有几户农民生活着，却依然平安无恙。

在意大利那不勒斯和瓦维尔诺湖附近，也有两条死亡谷。与美国的死亡谷相比，情况恰恰相反，这里的死亡谷对人类挺"和善友好"，受害的只是那些飞鸟走兽。据科学工作者统计，每年在这里死于非命的各种动物达3600多只。

在印尼的爪哇岛上，有一条十分怪诞的死亡谷。谷中有6个大山洞，每个洞都有一种"超自然的魔力"，无论是人或走兽，只要站在或途经距离洞口6米~7米远的地方，就会被一股无形的魔力吸入洞内，且一旦被吸入则无法逃出。如今，每个山洞里里外外都堆满了人和各种走兽的尸骸。山洞何以具有吸擒人兽的力量呢？被吸入的人或动物是因活活饿死还是慢慢中毒死亡的呢？其奥秘令人恐怖而又深不可测。

俄勒冈漩涡

在美国俄勒冈州格兰特峡口外、沙甸河一带，有一个方圆仅 50 平方米的怪异的地方，被称为"俄勒冈漩涡"。这里有一座古朴的木屋，其歪斜程度犹如比萨斜塔。走进木屋，会感到有一种巨大的拉力把你往下拉，就像是地心引力突然加强了。如果往后退，还会感到有一只无形的手将你拉向木屋中心。一到"俄勒冈漩涡"，马匹会本能地回避，飞鸟也会突然地掉转路线，树干则倾向北极。

许多科学家对"俄勒冈漩涡"进行过长时间考察，试图解开这个谜。他们用铁链系着一个 13 公斤的钢球，把它吊在木屋的横梁上，这个钢球明显地违背了重力定律，倾斜成某个角度，晃向"漩涡"中心。你可以轻易地把钢球推向"漩涡"中心，但要把它向外推却很难。"俄勒冈漩涡"究竟存在着什么力量？它是如何产生的？人们不得而知。

究竟为什么会出现这种怪异现象，科学家们的解释各不相同。有人认为是异常强大的重力转变为磁力，而强大的磁力又导致重力异常。为什么会产生如此强大的重力呢？人们还不清楚。

在世界各地还有一些地方有类似"俄勒冈漩涡"的现象。在乌拉圭的温泉疗养区巴列纳角，也有一块异常区，汽车开到这里停住，有一种奇特的能量会推动车辆继续前进，上坡爬行几米才刹住，平坦路段则自动滑行几十米。进入这个地区的人，就好像到了重力很小的宇宙空间，竟有飘然化羽的感觉。

美国犹他州有一条"重力之山"的斜坡道，通过这段斜坡的公路长约500 米，若驱车而下，在半途刹住车，车子竟然会慢慢后退，像被一股无形的力量拽着往坡顶爬去。但婴儿车、篮球等从坡顶放下去，总是一滚到底，从未出现往坡顶倒爬的现象。经过无数次的实验证明，质量越大的物体越容易往坡上爬，质量过轻就不能产生这种效应。

而非洲西诺亚洞中的"魔潭"则更令人惊奇。西诺亚洞是津巴布韦境内的一处古人类穴居遗址，它是由明暗两洞及两洞间的一个深潭构成的。这汪深潭看上去并没有什么特殊之处，但实际上却蕴藏着一种魔法般的引力。明明潭面只有10多米宽，按理说将一块石头扔向对岸的石壁，不会费太大的力气，可事实上任何投掷高手都无法完成这件看似简单的事——飞石被抛出后必然会下坠入水。更不可思议的是，即便用枪械将一颗子弹射出，不等击中对岸的石壁，子弹就像被什么神力吸住了似的，一头栽入深蓝色的潭水中。

以上这些奇异的现象说明，"地心引力"这个概念需要被重新思考。地心引力在地球的各处分布是怎样的？这个引力的结构与各处地心的结构有怎样的内在关联，我们对此还知之甚少。

五色土之谜

由于各地地表物质的化学成分不同，造成各地地面的颜色也不一样，如我国南方的田野是一片赤红；往北去，土地的颜色逐渐变成棕黄色或黄褐色；而到了东北，尤其是黑龙江省的平原地区，土地又成了黑色。

造成这种"五色土现象"的主要原因是：

我国南方地区，气候炎热潮湿。由于气温高，水分多，化学反应比较强烈，地表物质中不少矿物元素变成了可以溶解于水中的盐类或酸，流失掉了，氢氧化铝、三氧化二铁、三氧化二锰这些不容易溶解和流失的物质被留了下来。人们通常看到的铁锈，就是三氧化二铁，它会把地表物质染成红色。这就是我国南方大地赤红一片的原因。

我国中部地区，气温比较高，降雨也不算少，淋溶作用还比较强。地表的氯化物、硫酸盐等都流失了，碳酸盐类物质也大量流失。岩石中的铝硅酸盐被风化成了伊利石、高岭石等粘土矿物，这些矿物本身的颜色使地面呈黄褐色或棕黄色。

东北平原的气候比较潮湿，植物生长繁茂。每年有大量的植物残体落入土中，由于这里气温较低，矿物的风化作用和微生物的活动都比较微弱，所以土壤中积累了大量的腐殖质，使土壤表层呈现黑色。

我国几条大河的名字也反映了这种地表颜色变化的特点。黑龙江流经的地方，森林茂密，水草丰盛，土壤中富含黑色的腐殖质，使得江水也呈现青黑色，所以得名黑龙江。满族人民称黑龙江为"阿穆尔"，意思就是"黑色的巨江"。黄河中游流经黄土高原，河水中携带着大量的黄土、泥沙，黄水奔流，浊浪翻滚，所以被称为黄河；位于广西境内的珠江上游红水河，流经红

壤发育的地区,河水也被染成了红色。你看,河流名称也能反映气候变化和土壤特点。

北京中山公园里有一个方形的高台,叫"社稷坛"。社稷坛中间是由五种颜色的土铺成的台面,中间是黄色,东面是青色,西边是白色,南方为红色,北部是黑色,这正是我国境内土壤分布的大致状况。

奇妙的海底平顶山

太平洋的中部至西部，即夏威夷群岛、加罗林群岛、马绍尔群岛和斐济群岛一带的深海底，有一座座奇异的海山，它们的顶部像被截掉一样，都是平坦的，被称为"平顶海山"。20 世纪 40 年代，美国海洋地质学家赫斯对此进行了较系统的研究，为纪念他的老师普林斯顿大学地质系教授阿罗尔德·盖奥特，他把平顶海山命名为"盖奥特"，并著文阐述平顶山的特征。这种海山除太平洋外，大西洋和印度洋中亦存在，它们有的孤独耸立于海底，有的成群出现。平坦的顶部为圆形或椭圆形。直径一般从几百米至 20 公里~30 公里，顶部离海面最浅为 400 米，最深为 2000 米，平均 1300 米。赫斯认为，平顶海山是沉没了的岛屿，就像神话中描述的"阿特兰提斯"王国那样。但为什么它的顶部如此地平坦呢？赫斯无法说明。

后来，从平顶山的顶部打捞到了呈圆形的玄武岩块，表明它们是火山弹的原有形状，因而，有人认为，它们可能是一座海底火山，顶部是火山口，被火山灰等物质填平了，所以呈现平顶。年龄测定表明，它们形成于距今 1 亿年~2500 万年之间的火山大量喷发时期，这就给火山说提供了一个依据。

20 世纪 60 年代，从太平洋西南的凯普·约翰平顶海山的顶部打捞到 6 种造礁珊瑚、厚壳蛤以及层孔虫等生物化石，以后在太平洋中部又有类似的发现，表明平顶海山的顶部过去有过珊瑚礁发育。造礁珊瑚要求生活在有光照的水体里，因而其生存的最大水深在 50 米左右，可见，曾经有一段时间，海山顶部的水深不超过 50 米。由于此时的海山顶部离海面近，风浪就有可能将其削平，并在其顶部发育造礁珊瑚。以后，海底山下沉，沉到水深 400 米以下的地方，所以平顶海山上就残留着以前发育的造礁珊瑚和其他喜礁生物，但美国学者德利提出，海底火山不一定发生过上升和下沉，而是在天气寒冷的冰川时期，海平面大幅度下降，使海底火山的顶部出露海面被风浪削去。但天气能否冷到使海面下降几百米以至 2000 米，目前还没有找到可靠的证据。况且，有些平顶海山的顶部宽达 40 公里～55 公里，说它是被风浪削平的似乎难以使人相信。

现代著名海洋地质学孟纳德认为，太平洋中的平顶海山都位于一片原来隆起的地壳上，他称之为"达尔文隆起"。这些隆起上的许多海山，其顶部接近海面，被风浪削平，尔后，整个隆起下沉，便形成今日平顶山的面貌。但温泰勒尔等不同意孟纳德的见解，他们认为没有事实证明"达尔文隆起"存在过。

由于深海调查资料的缺乏，人们对海底奇特平顶海山的真面貌目前还了解不多，已提出的各种说法还缺乏说服力，因而需要科学家们进一步研究，才能揭开这个海洋之谜。

法国"圣泉"水

法国比利牛斯山脉中有个叫劳狄斯的小集镇，镇上有个岩洞，洞内有一眼清泉长年累月不停地流淌。泉水以其神奇的治病功能吸引了成千上万世界各地的人慕名而来，这就是闻名全球的神秘的"圣泉"。

传说 1858 年，一位名叫玛莉·索毕拉斯的女孩在岩洞内玩耍，忽然，圣母玛利亚在她面前显圣，告诉她洞后有一眼清泉，指引她前往洗手洗脸，并且告诉她这泉水能治百病，说罢倏然不见。

100 多年过去了，神奇的泉水经年不息。前来圣泉求医的各地人也络绎不绝。它的吸引力远远超过了穆斯林圣地麦加、天主教中心罗马、伊斯兰教和犹太教及基督教的发祥地耶路撒冷。据统计，每年约有 430 万人去劳狄斯，其中不少人是身患疾病、甚至是病入膏肓已被现代医学宣判"死刑"的病人。他们不远千里来这儿，仅为在圣泉水池内浸泡一下，便能病情减轻。不过，有的病人真的不药而愈。

有个意大利青年，名叫维托利奥·密查利，他身患一种罕见的癌症，癌细胞已经破坏了左髋骨部位的骨头和肌肉。经 X 光透视发现，他的左腿仅由一些软组织来同骨盆相连，看不到一点骨头成分，辗转几家医院后，他的左侧从腰部至脚趾被打上石膏，被宣告无药可医，而且预言至多能再活一年。

1963 年 5 月 26 日，他在其母亲的陪伴下，经过 16 小时的艰难旅程到达劳狄斯。第二天就去沐浴。密查利在几名护理员的照顾下，脱去衣服，光着身子被浸入冰冷的泉水中，但打着石膏的部位却未浸着，只是用泉水进行冲淋。奇迹出现了。打这以后，密查利开始有了饥饿感，而且胃口之好是数月来所未有过的。

从圣泉归家后仅数星期，他突然产生从病榻上起身行走的强烈欲望，而且果真拖着那条打着石膏的左腿从屋子的一头走到另一头。此后几个星期内，他继续在屋子里来回走动，体重也增加了。到了年底，疼痛感竟全部消失。

1964年2月18日，医生们为他除去左腿上的石膏，并再次进行X光透视，片子上明白显示出那完全损坏的骨盆组织和骨头竟然出人意料地再生。4月，他已能行动自如，参加半日制工作，不久便在一家羊毛加工厂就业。

这一病例，现代医学竟无法解释。

像这样的病例并非个别。据报道，在124年中，为医学界所承认的这样的医疗奇迹就达64例。这64例均经过设在劳狄斯的国际医学委员会严格审定。该机构由来自世界10个国家的30名医学专家组成，各个专家均是某个专科的权威。

那么，圣泉这种"起死回生"的奥秘究竟何在呢？随着现代医学的不断发展，我们相信，人们一定能剥去圣泉的扑朔迷离的宗教外衣，揭示它的本质，从而解开这个谜团。

大明湖中"蛙不鸣"

由芙蓉泉、珍珠泉等众多泉水汇集而成的济南市著名风景区——大明湖，总面积86公顷，其中的水面积为46.5公顷。沿湖楼阁参差，水榭亭台，错落有致。湖之北有元代北极田，登临其上，能饱览湖光山色；湖之南有清代遐园；湖之东有纪念宋代名人曾巩之南丰寺；另外，还有宋代著名词人辛弃疾纪念祠，以及铁公寺、历下亭、浩然亭、汇波楼、小沧浪等名胜。此外，还有新建的鸳鸯亭、月下亭及百米喷泉等。湖中荷叶田田，绿洲片片，景色清幽。诚如铁公祠门联所云："四面荷花三面柳，一城山色半城湖。"

如此湖光山色，万类悠游，鸟语蝉鸣，蛙声阵阵，本是常情。这里一般情况如常。然而令人惊异的是，这里虽有众多的青蛙却无蛙鸣。特别是盛夏之际，别处湖区都有蛙声起伏，热闹非常。这里的蛙们，却是沉寂无声。好事者将大明湖之蛙迁至护城河外，便都照鸣不误，而将别处之蛙放入大明湖又不叫了。

此中奥秘何在？难道是因为大明湖之水质、水温等环境因素与别处不同，致使生活于此的蛙群生理异常而失声？或是其他的缘由影响了蛙群的情绪呢？谁能揭开这满湖蛙虫不再鸣叫之谜？

会跳舞的"夫妻石"

在印度西部的沃布里尔村，有一对"夫妻石"，随着人们的叫喊声，可自动腾空而起，进而轻舞飞扬，可谓世界奇中之奇。原因何在？难道重力作用可以人为改变？

在这个村里有座安葬多年前逝世的伊斯兰教托钵僧古马尔·阿迪·瓦尔维奇的圣祠，吸引世界各地游客前往瞻睹的"夫妻石"，就并排站立在圣祠前的台阶上。

这两块圣石只对童男童女有极强的亲和力，其他人概不允许接近，"丈夫"身形矫健，"妻子"小巧玲珑，只要孩子们将右手的食指放在巨石下，同时异口同声且无停顿但要虔诚地喊着"古马尔·阿迪·瓦尔维奇——奇——奇"，发"奇"的声音尽可能拖得长一些，这样，沉重的"夫妻石"就会像活人般地顿时从地上弹跳起来，悬浮到约2米高的空中，双双起舞，舞姿优美。直到人们把瓦尔维奇的名字喊得上气不接下气时，它才会落回到台阶上。"夫妻石"飞舞的这个过程，可以反复数次，并且次次不同，有时像芭蕾舞，有时像国标舞……

简·格林是专程赶去观看圣石随音乐起舞的众多见证人之一，"太神奇了，真让人无法理解，灵验度居然100%。"他完全被折服了。

据史书记载，使"夫妻石"飞舞的方法是瓦尔维奇生前透露给人们的。

多年前，圣祠所在地原是一座健身房，那两块巨石是供摔跤手来练习使用的。儿时的瓦尔维奇经常来这里同巨石嬉戏玩耍，与其产生了深厚的感情，他常常显示出自己灵敏的生命机能和超人的力气。过了许多年，健身房拆除后，瓦尔维奇这位伊斯兰教徒对周围的人说出了这样的秘密："那两块巨石任你们使出全身力气也未必可以举起，除非你们重复叫我的名字。"他还告诉人们，用9根手指就可使那块巨石升空，而那块较小的岩石只需用一根手指头就能使它升起。至于更多的秘密，瓦尔维奇只字未提。

从这个时候起，人们就一直沿用瓦尔维奇教给的方法来使岩石腾飞。至今，科学家们仍无法解释圣石飞舞的奥秘，但前去沃布里尔村观看这一奇景的人却越来越多。印度国内的《亚洲》杂志等刊物都曾专题介绍过有关情况，《信不信由你》的系列电视片中也拍下了圣石飞舞的稀世镜头。确实，不管你信不信，任何人都可以亲自去参观圣石飞舞活动。

沉重的岩石飘然离地起舞秘密何在？难道人们采用特定方式能够改变重力作用？不过，人们统一使用右手的手指、统一发出共同的声音，这与物理力作用的变化有什么样的联系呢？

令人不寒而栗的"杀人石"

在非洲马里境内，有一座耶名山，山上有一片茂密的大森林，林中有各种巨蟒、凶残的鳄鱼、狮子、老虎等。然而，在耶名山的东麓，却极少有飞禽走兽的踪迹。当地的土著居民对这个地方既恐惧、厌恶，又非常敬畏。

1967年春天，耶名山发生强烈地震。震后的耶名山东麓远远望去，总有一种飘忽不定的光晕，尤其是雷雨天，更是绮丽多姿。据当地人说，这里藏着历代酋长的无数珍宝，从黄金铸成的神像到用各种宝石雕琢的骷髅，应有尽有。神秘的光晕就是从震后地缝中透出来的珠光宝气。这个说法究竟是真是假，谁也不能证实。马里政府为了澄清事实真相，派出了以阿勃为队长的8人探险队，进入耶名山东麓进行实地考察。

他们刚来到这里，就下起了大雨。在电闪雷鸣中，阿勃清晰地看到不远处那片山野的上空冉冉升起一片光晕，光亮炫目。光晕由红色变为金黄色，

最后变成碧蓝色。暴雨穿过光亮，更使它姹紫嫣红。雷雨刚停，阿勃不顾山陡坡滑，道路泥泞，下令马上进发。

在那片山野上，他们发现躺着许多死人。这些死人身体扭曲，口眼歪斜，表情痛苦。从尸体看这些人已经死去很长时间，但奇怪的是，在这炎热的地方，尸体竟没有一具腐烂。这些人可能是不听劝告偷偷进山寻珍宝的。可是他们为什么会莫名其妙地死去呢？探险队员四处搜寻线索。

突然间，一名队员发现从一条地缝里发出一道五颜六色的光芒，色彩不断变幻着。难道真是历代酋长留下的珍宝？经过一个多小时的挖掘，人们终于从泥土中清理出一块重约5000公斤的椭圆形巨石。半透明的巨石上半部透着蓝色，下半部泛着金黄色光，通体呈嫣红色。探险队员们费了九牛二虎之力才把巨石挪到土坑边上。

这时有一队员突然叫道："不好，我的四肢发麻，全身无力!"另一队员也说："我的视线模糊不清!"队员们纷纷开始抽搐，相继栽倒。此时，只有阿勃还保持清醒，他想这可能与那块巨石有关。他不由得想起那些死因不明的尸体，浑身不禁一颤。为了救同伴，阿勃强拖着开始麻木的身体，摇摇晃晃地向山下走去，准备叫人来。刚走下山，他就一头栽倒了。

过路的人发现了躺在路边的阿勃，把他送进了医院。经抢救阿勃终于清醒了过来，并将所发生的事告诉了人们。之后，他又闭上了双眼。医生检查发现，阿勃受到了强烈的放射线的照射。

有关部门立即派出救援队赶赴山上抢救其他7名探险队员，但无一生还。而那块使许多人丧命的"杀人石"，却从陡坡上滚下了无底深渊。科学家们想解开"巨石杀人"之谜，但因找不到实物而无法深入研究，这成了自然界一个未解之谜。

喜马拉雅山长高之谜

你知道吗？有"世界之脊"之称的青藏高原以及拥有世界最高峰珠穆朗玛峰的喜马拉雅山脉地区，早在距今 1.5 亿年前的三叠纪，还是烟波浩渺的古地中海的一部分。直到距今 5000 万年的第三纪始新世时期，由于印度板块与亚欧板块相撞，使古地中海东部的海底，发生强烈的挤压，才导致了喜马拉雅山从海洋中升起。关于这一点，人们已在喜马拉雅岩层中找到的许章鱼龙、三叶虫、珊瑚、海藻等古海洋动植物化石身上得到了证实。

经地质学家们的测量，珠穆朗玛峰目前的高度为 8848.12 米。它在第四纪的 300 万年内约上升了 3000 米，平均 10000 年上升 10 米；而最近 10000 年，它却上升了 500 米，即一年上升 5 厘米。至今，它还在以不易被人察觉的速度缓慢上升。

那么，珠穆朗玛峰就如此无限制地不断增长吗？如果不是，它又何时停止这种"日长夜高"呢？它的最高限又是多少呢？这一系列问题正是使科学家们始终困惑而又没有停止探究的问题。

有科学家认为，珠穆朗玛峰的增高犹如是用岩石和泥土"叠罗汉"。当层层加码时，下面的岩石承受上面的压力逐渐变大，这必然存在一个极限，一旦达到这一极限，底下的岩石就要"粉身碎骨"，高山也将土崩瓦解，毁于一旦。那么，这一极限究竟是多少呢？一些人通过计算得出，地球上山脉的高度极限为 10000 米。

从微观角度来看，岩石都是由岩石分子构成的，许许多多的岩石分子以一定的结构相互排列，它们之所以能够彼此合作，构成坚硬的岩石，是因为它们之间存在着电磁力，就像人们在"叠罗汉"时用自身的体力来支撑上面的重量一样。这里，"电磁力"和"体力"起着相同的作用。一旦上面的重量超过底下自身的体力，他就会站立不稳，最后终于支持不住，叠不成罗汉。

同样道理，当山的自身重量大于岩石分子之间的电磁力，也会造成叠不成罗汉的"悲剧"。于是，底下的岩石就将遭到破坏，高山就会摇摇欲坠，岌岌可危，造成山崩地裂的后果。

由此可见，山越高，它自身的重量，也就是重力势能就越大，破坏岩石分子之间电磁力的能量也越大。科学家利用一些基本的物理常数，通过演算得知，地球上的高山极限约为10000米。由于地球上所有的山脉，包括最高的珠穆朗玛峰，都没能达到这一极限，因此，它们都将平安无事地屹立在地球表面的各个地方。

如果地球上有哪一座山脉企图"崭露头角"，向10000米的高度"冲刺"，那么，按照这一理论，它的结局便可想而知了。利用同样的方法，还可以计算出别的行星或卫星上的高山极限，当然，这些极限数值是各不相同的。

珠穆朗玛峰究竟能长到多高呢？一方面，它自身在"日长夜高"；另一方面，科学家却给它定下了一条界线。要最终解开这个谜，人们只能耐心地等待到珠穆朗玛峰向10000米接近的那一天了，让我们拭目以待吧！

石钟乳 "开花"

白云洞坐落在华北平原与太行山脉交界的地区，面积 4000 平方米，最大的洞厅为 2170 平方米。熔岩造型丰富、密集而又富于变化，在北方已发现的溶洞中，是绝无仅有的。洞内的"线性石管"，形态奇丽的牛肺状彩色石幔、石帘，晶莹如珠的石葡萄、石珍珠等，在国内已属罕见，更奇特的还是"节外生枝"景观。

"节外生枝"是一个网状卷曲石，它与普通的石钟乳不同，不是垂直向下，而是凌空拐了一个直角，向旁边生长开去，并且拐弯一段的前端比后端粗壮。为什么它能生成这种造型，令人百思不得其解。此类情况不但是国内

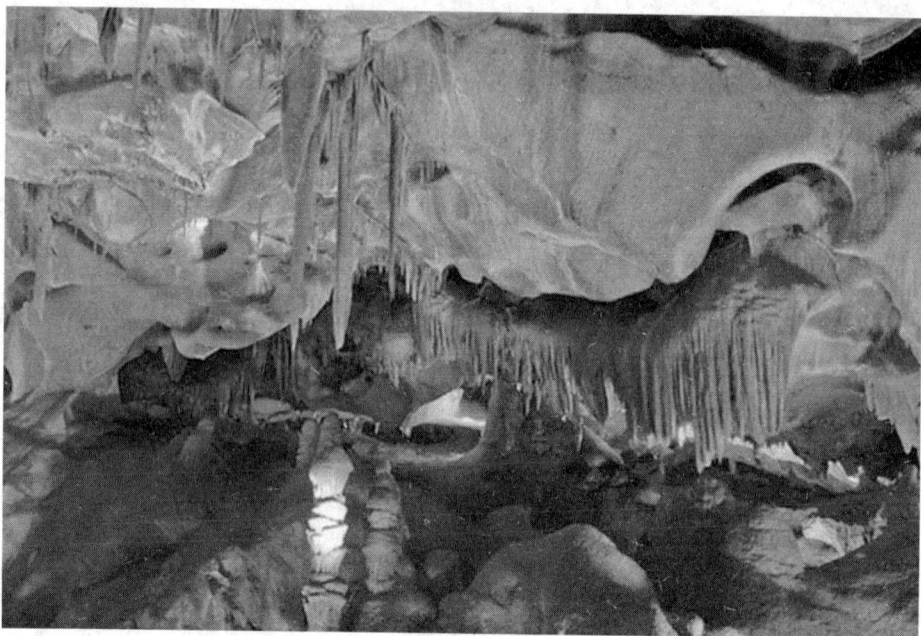

白云洞

首次发现，在国外也未见报道。

　　广东云浮蟠龙洞也有与白云洞"节外生枝"的特点相类似的石花。蟠龙洞全长 500 米，洞分 3 层，它拥有洞穴世界中的稀世珍品——宝石花。长在蟠龙洞中的宝石花不像常见的滴聚而成的石钟乳那样上下垂直，它们竟横向斜生，甚至反重力作用而向上节节生长。曾有人不经意把一个石花碰断，不曾想，这一偶然事件，却使人们发现了蟠龙洞宝石花的一个秘密：一年后，人们发现折断的宝石花又长出了几厘米，要知道，一般的石钟乳、石笋几十年也长不了这么长。

　　北京房山银狐洞是我国北方最好的溶洞，该洞深入地下 100 多米，洞内既有一般洞穴常见的卷曲石、壁流石、石珍珠、石葡萄、石瀑布、石枝、石花、石盾、穴珠、鹅管等，还有一般洞穴中少见的云盆、石钟、大型边槽石坝、仙田晶花、方解石晶体。令人不解的是，洞内石花数量惊人，形状也十分奇特。洞顶、洞壁，以及支洞深处的仙田里，菊花状、松柏枝叶态、刺猬样的石花密布。至于为什么银狐洞的石花这样多，没人能够解释清楚。还有更奇妙的：沿着银狐洞狭窄的洞壁前行 10 米，来到三叉支洞的交汇处，这儿的洞顶密布着大朵石菊花，洞底有个 1 米高的石台，一个长近 2 米，形似雪豹头银狐身的大型晶体，从洞顶垂到洞底，通体如冰雪玉雕般洁白晶莹，并且布满丝绒状的毛刺，刺长 3 厘米~5 厘米，密密麻麻，洁白纯净。

　　对"银狐"的成因，有不同的说法。有从外部成因入手，认为是由于雾喷而后凝聚形成的；有从内部成因入手，认为丝绒绒的毛状晶体是含有这种物质的水，从内部渗透到外部而形成的。究竟孰是孰非？让未来告诉人们吧！

黄土高原之谜

20 世纪 30 年代，美国记者埃德加·斯诺曾在他的《西行漫记》中，对黄土高原作过下面一段精彩描述："这一令人惊叹的黄土地带……这在景色上造成了变化无穷的奇特、森严的形象——有的山丘像巨大的城堡，有的像成队的猛犸，有的像滚圆的大馒头，有的像被巨手撕裂的岗峦，上面还留有粗暴的指痕。""那些奇形怪状、不可思议、有时甚至吓人的形象，好像是个疯神捏就的世界——有时却又是个超现实主义的奇美的世界。"

八九十年前，当一些到中国探险的外国科学家走进黄河中上游的陕西、山西、甘肃等地的时候，立刻被黄土高原的壮观景色惊呆了。那是一个地球上绝无仅有的黄土世界。

在欧洲，德国的莱茵河两岸，中欧的多瑙河一带，以及北美密西西比河等地也有不少黄土分布着。但是与中国的黄土高原的黄土相比，简直是小巫见大巫，不论在面积上，还是在厚度上，都无法和中国的黄土高原的黄土相提并论。

黄土高原东到河北、山西交界的太行山，西到甘肃的乌鞘岭，南到秦岭山脉，北到长城一线，面积达 40 余万平方公里。黄土高原上黄土的堆积厚度也大得惊人。一般有五六十米厚；在陕西、甘肃的一些地方，可以找到一二百米厚的黄土层。这样厚的黄土层在国外是找不到的。那么，这么大范围分布的深厚黄土层到底是怎么来的呢？直到不久前，科学界对这个问题还在争论不休。

一种学说认为，黄土是由当地岩石风化造成的。他们认为，因为地质时代久远，风化过程很长，天长日久，就会使岩石逐渐风化成粉末，形成厚厚的黄土堆积。这种学说受到不少学者的反对：他们认为，如果按照上述意见，黄土高原上的黄土应该遍地皆是，但是事实上黄土高原上超过一定高度以上的山峰并没有黄土堆积，这些山峰像一座座岩岛，屹立在茫茫的黄土海洋之中。

另一种学说认为，黄土应该是流水挟带的泥沙堆积而成。而反对这种学说的学者认为，根据他们的调查，在黄土高原上，那些几十米厚的黄土层中，几乎看不到明显的流水层次。

需要指出的是，这里所说的黄土并不是人们心目中那种一般的"黄色的土"。黄土高原上黄土的地质又细腻又均匀。黄土颗粒的大小只有一毫米的几十分之一。厚厚的黄土层中，上上下下看不出明显变化。

现在科学家比较一致的看法是黄土风成学说。也就是说，黄土高原的黄土是大风吹送、堆积而成的。

最早提出风成学说的科学家们根据亚洲大陆内部戈壁、沙漠和黄土的分布情况，画了一幅想象的地图。地图的中央部分是砾石遍地的戈壁，向外是几大片有名的沙漠，即前苏联境内的卡拉库姆沙漠，中国境内的塔克拉玛干沙漠等，再向外就是广布于我国黄土高原上的黄土。地表物质由中央向外围，由砾石到沙粒再到黄土细粒，表现出明显的地带规律。因此，他们认为黄土在漫长的地质时代里，亚洲中心地带的戈壁、沙漠地区吹来的风，把那里的细土带到这里来的。

这个学说提出以后，因为还没有更多过得硬的证据，所以起初并没有多少人支持它。说100多米厚的黄土层是风吹来的，怎么能让人相信呢？直到中国科学家们近二三十年通过大量的科学研究工作，找到了可靠的科学依据之后，黄土风成说才渐渐被公认了。

中国科学家们做出了哪些新的成绩呢？

第一，在黄土里找出古代植物遗留下来的孢子和花粉，并且进行了鉴定。根据这些植物种类，明确地证明了当年黄土高原时的气候环境确实是一种干燥而又寒冷的气候。

　　第二，在显微镜下对黄土中的细沙进行观察。发现这些很小的沙粒表面上没有流水摩擦的痕迹，倒像风力搬运的结果。科学家们还在黄土高原上，采取不同地区的黄土土样，测定颗粒的粗细，结果是越接近西北沙漠，颗粒越粗；越向东南，颗粒越细，很有说服力地证明黄土是从西北沙漠地区吹来的。

　　第三，有的学者还利用近代气象学的知识恢复当时的亚洲大气环流状况，提出那时的风向是有利于黄土搬运的。

　　黄土的形成起码经过了100多万年，在最近二三万年前达到最高峰。到了有文字记载的历史时期，黄土的形成过程仍然没有结束。我国古代许多历史书籍中多次记载的"雨土"现象，就是黄土搬运堆积的实证。

三、神奇无限的天气现象

预报地震的"妖云"

我国清代康熙二年（1663年）曾出了一本《隆德县志》，书中第一次提到了地震和云彩的关系。作者在这本书中对地震前兆进行了总结，其中有一条就讲了地震云的问题，书中写道："天晴日暖，碧空晴净，忽见黑云如缕，宛如长蛇，横亘无际，久而不散，势必地震。"当然限于当时科学技术水平，人们对该书的记载未能予以注意。

在日本，也曾经有人见到过地震云。这个人不是专业地震工作者，而是曾任过日本奈良市市长的键田忠三郎。利用地震云来预报地震引起了学术界的重视。由于这种方法观察方便，无需任何设备，所以不仅受到专业地震工作者的重视，一些业余爱好者也都跃跃欲试，想验证一下这种方法的正确程度。

作为一种新的方法，键田忠三郎也遇到了挑战。日本有一个"地震预报联络委员会东海地区判断会"，是日本地震预报的最高权威机关，该会的专家认为这种方法只能在社会上引起混乱，没有任何科学价值。东京大学教授获原尊礼认为，这种方法中讲的地震云纯属巧合。连日本气象厅主管地震问题的专家也说键田忠三郎统计的地震，有的远离日本本土，有的发生在海底数百千米深的地方，其前兆不可能在日本本土上空的大气层中有反映。

地震云是出现于天空的云彩，为什么有的人能从普通的云彩里发现与地震有关的地震云？什么形状的云彩与地震有关呢？

我国古代除了《隆德县志》以外，清人王士祯在其所著的《池北偶谈·卷下》中"地震"一节里，谈到1668年7月25日山东郯城8.5级地震时，记有："淮北沭阳人，白日见一龙腾起，金鳞灿然，时方晴明，无云无气。"这里说的龙，看来也是《隆德县志》中"黑云如缕，宛如长蛇"的长蛇状带状云，阳光一照，便显得金光灿烂。我国古代的许多县志和史书都有这样的记载。

我国地震研究工作者发现，地震云颜色复杂，多呈复合色，一般有铁灰、橘黄、橙红等。地震云多出现在凌晨或傍晚，分布方向与震中垂直，有的人根据这个规律曾经成功地预报了地震的震中位置。我国地震学者吕大炯汇总了一定范围内的地震云，并制成了地震云分布图，在这张分布图上，他确定了地震云垂线交汇点的地面投影位置，并认定这里是地震可能发生的地带。20 世纪 70 年代我国地震研究的实践证实了吕大炯的推测。吕大炯还认为，这种地震云在时间上既可以和近期地震相对应，也可以和远期地震活动相对应。在空间上，既可以和近距离的地震相对应，也可以和远距离的地震相对应。例如太平洋彼岸的墨西哥 8 级地震和西半球的亚速尔群岛地震，都影响到了北京地区的大气层，有人在几天以前就观察到了云彩的异常变化。

除了常见的条带状地震云外，还有一种地震云呈辐射状。这种云从某一点向外呈指条状辐射，它主要出现在早晨和傍晚，由于霞光的关系可以有不同的颜色，云的辐射中心多位于震中的上空，因此从邻近地区常常看不到它的全貌，而只看到几条向中心汇聚的指条状云。这种地震云可能主要与近距离的地震有关。

还有一种云，地震学家给它取名为肋骨状云。这种云像是一些排列整齐的肋骨，沿同一方向呈宽带状分布。它可能是长蛇状云的"宽化"，很可能是由于同时来自大致相同方向的两次地震共同激发的结果。

1923 年，日本又发现了一种更奇怪的地震云，东京人称它为"妖云"。

当年的 8 月，在日本西南部的石垣岛和冲绳岛之间，出现了越来越低的低气压。3 天之后形成台风，移向九州西南部。与此同时名古屋市也出现低气压，到 8 月 31 日，这种低气压形成的大风猛扫江之岛一带，这时，天空出现奇怪的红色，太阳也好像比平时大了一倍。9 月 1 日早晨，大风刮到了东京北部。上午 10 时，东京上空出现形状特殊的浓云。云体肥大，很像在风中摇曳的鸡冠花。接着是急促的狂风暴雨，云量增加，风速进一步增大。后来，当风突然转向时，东京发生了 8.3 级大地震。几乎毁灭了东京，波及横滨及周围许多城镇。于是这种带有不祥征兆的云，又被称为"妖云"。

然而，妖云是地震云吗？目前还没有太多的实例对它进行解释。

恐怖的"五彩雨"

自然常识告诉人们,每次下雨的时候,从天空中降下来的雨水应该是无色无味的。可是在有的地方,下的雨居然会五彩缤纷,这真是咄咄怪事。

1819 年 8 月 13 日,在马萨诸塞州的埃姆赫乐斯特有一个发出腐烂气味的物体从天上落下来,上边盖了一层布一样的绒毛。鲁弗斯·格雷夫斯教授把绒毛层除掉后发现下面是"米色的果肉状物质"。在接触空气之后,物质表面的颜色变成了"青灰色,很像静脉血的颜色"。据说这物体在降落时带着耀眼的亮光。

1819 年 11 月 2 日,在比利时的布兰肯伯格地区下了一场红雨,一般来说,红雨的形成是因为雨水中含有大量的由龙卷风带起的红沙。但是,对 144 盎司布兰肯伯格红雨水进行蒸发试验表明,当雨水减少至 4 盎司时尚未发现任何红沙。在进一步的分析中发现了一种氯化钴物质。但在分析报告中并未能解释清楚出现这种现象的原因。

1846 年 3 月 16 日,中国上海上空落下一种橄榄色的粉末。把粉末放在显微镜下观察,首先可以看到里边含有二种毛发状的物质,用倍数更高的显微镜观察,可以发现里边的水棉属物质,系一种海藻。把它们放在火上烧,可以闻到刺鼻的像烧头发或烧皮子一样的气味。根据报道,这些降落物覆盖了 3800 平方公里的面积。

1869 年 8 月 1 日,在加州洛尼托斯·哈德逊先生的农场上,有肉和血从天降落,足有数分钟,覆盖了 2 英亩的地面。当天,天气晴朗,无风,那些鲜肉呈小颗粒和细丝状,约 1 英寸~6 英寸长。同时还有一些毛发降下来。这个事件的原因真是让人想都不敢想,难道天空上方有一架绞肉机?1869 年 8

月 9 日旧金山晚报的一篇论及这一现象的文章中还提到在两个月以前，在圣克塔拉县也降下过血和肉。

1870 年 2 月 14 日早晨，在意大利热那亚有一个淡黄色的物体从空中落下来。热那亚技术研究所的伯卡朵教授和卡斯特兰尼教授对这个物体进行了分析，发现其中包含 66% 的沙粒（多为硅石，也有些黏土），15% 氧化铁，9% 碳酸钙，7% 的有机物，其他为水分。在有机物中包含孢子微粒、淀粉、硅藻的碎屑（一种含硅的水藻）和一些不能确定的物质。

还有 1955 年 7 月 22 日，爱德华·姆茨先生正在美国俄亥俄州辛辛纳提市大街家中的花园里工作着，突然，一滴温暖的红色水滴落在他的胳膊上。接着又是一滴，过了不大一会儿，他的四周就下起了红色的雨。爱德华·姆茨先生抬头望望天，这时他发现天空的云层中涌出一块奇特云团，这阵红雨就是从那团云彩中落下来的，正好落在花园里的桃树上。这团怪云位于他头顶上的天空，并不是非常大，但颜色非常奇特，呈暗绿、红色和粉色，跟那些降落下来的雨水的颜色非常相似。

好奇的爱德华·姆茨先生凝视着云彩。这个时候，他那刚才被雨滴淋湿的双手逐渐开始有被烧灼的感觉。事后，爱德华·姆茨先生说他感觉就像是松节油涂在了割破的伤口上。于是他赶快跑回屋子，用清水和肥皂仔细清洗双手，再也没有心思去看那红雨了。这些"雨"水就跟鲜血一样，摸上去油乎乎的还有点儿黏。

第二天一早，爱德华·姆茨先生就发现他花园中的桃树和树下的草坪都已死掉，树枝上挂满的桃子也已经干瘪了。看来，这场雨的杀伤力是非常强的。

后来美国科研机构曾派人就此采访爱德华·姆茨先生，并取走了桃树果实和草坪的样品。不过，他们并没有公布研究的结果。所以，这种有颜色的雨到底是怎么一回事，我们并不知道。有人怀疑是飞机在作怪，不过爱德华·姆茨先生说在下雨的时候，那一带没有飞机经过，美国航空局也证实了这一说法。专家分析后认为这也不是化工厂排出的废气造成的后果。看来，这种雨水的来历真是有些怪。

令人惊奇的"动物雨"

天上下雨实属正常，然而，假如天上落下的不是雨水，而是无数的小动物，那就不可思议了。

1683 年 10 月，在英国诺尔佛克的小村庄艾克尔，就有大量的癞蛤蟆从天而降，当地的人们简直不敢相信这是真的，大家不得不一齐动手，把它们弄走。

1736 年，在智利东海岸的麦默尔，煤黑色的纤维状物质从天而降，刚刚落满白雪的地上顿时黑糊糊一片，据记载，这些黑色絮片都是潮湿的，气味就像腐烂的海藻。当人们对它们进行深入的研究后发现，这种不明物中含有部分蔬菜一样的物质，主要是绿色丝状海藻，还含有 29 种纤毛虫。

1786 年 5 月 5 日，在经受了半年的干旱之后，海地的太子港地区突然降了大量的蛋。第二天这些蛋都孵化了，有些好奇者把这些来自于天上的奇怪动物放在水瓶中保存起来，几天后，他们发现这些小生命经几次脱皮之后变成了蝌蚪一样的形态。

1794 年，这种动物雨又出现在法国。法国昔瓦捷自然博物馆馆长就亲历了这样的一种奇观，这位馆长被一场大暴雨困住了，在落下的雨水中，他发现有榛子一般大小的活的东西，不一会儿，这些小东西就把地面盖满了，最后，他辨认出来了，这些小东西竟是蟾蜍。

1817 年，在一阵大风和暴雨之后，在苏格兰阿基希吉河的西恩渡口附近长满青苔的地面，一群小孩子们在拣一种 1.5 寸~3 寸长的鲱鱼，这种鱼足有 2~3 桶之多。它们是随着这场暴风雨一起降落在这里的。

根据当时的风向，这些鱼苗像从北面 3 英里外的海湾刮过来的。不过海湾与这个地方之间还隔着海拔 300 英尺高的沼泽地。可是人们从这些鱼身体上看不出任何伤痕，也没有任何一点能够表明它们是随水而落的。

1861 年 2 月 16 日，新加坡发生了一场地震。地震过后下起了大暴雨，暴雨后，居民们纷纷出来拣鱼，这种鱼据说是从天上掉下来的。3 天之后，地面上的雨水干了，在干涸的水洼中有大量的死鱼，这种鱼是新加坡淡水湖泊、河流中大量存在的鲇鱼，在马来半岛、苏门答腊等地也很常见。

每当发生怪事之时，很多人都极力找出一些原因，以说服众人，这是毫不奇怪的。但是，科学家们却与众不同，因为他们不能空口无凭地解释"科学怪事"。

在怪雨现象中，海洋鱼类和其他海生动物雨为数很多，在英国、美国、欧洲、印度和澳大利亚屡见不鲜，以至澳大利亚报刊都感到乏味，不愿再登载这类消息。于是，澳大利亚自然历史学家杰拉伯尔特·维埃特利便将至少 50 个海生动物雨情况汇集一文，于 1972 年 3 月在澳大利亚《自然历史》杂志上发表。该文中除记述了 1879 年在维多利亚城附近的卡里希地区下的小鱼雨外，还列述了其他虾雨和淡水鱼雨等。不仅西方世界，而且东方世界也发生了许多怪雨现象。

有关海生动物雨的记述中，还包括有许多其他的海生动物从天而降的事例，譬如，英国农村曾有过一场海螃蟹雨和海蜗牛雨。1881 年，伍斯特城在一次雷阵雨中也下了一场螃蟹和蜗牛雨。

世界各地怪雨现象数量很多，颇难一一列述。对于怪雨，科学家们一直在研究，各种解释纷纷出现。迄今为止，世界各国普遍的解释是：怪雨现象是旋风造成的，即一股旋风将河流、湖泊和大海中的水席卷而起，带到空中，内有许多水生动物，旋风在空中旋转。不久，由于地球引力的作用，海水或湖水连同水中的动物一齐落到某地，因而形成了怪雨。这种解释听起来虽颇有道理，但是，它却不能从根本上解释怪雨现象。因为，倘若这样解释，那么，就意味着旋风同样也具有一些难以想象的能力，即在空中将水中的动物进行选择，随后分门别类加以区别，然后再分类扔到地面上。

瓦拉亚姆·库里斯在书中谈到怪雨现象和旋风解释时提出了一些可供参考的看法，他说：

"首先，我们必须承认，不论运送这些动物的工具是否是旋风，这种工具一定能够每次全选择好一种动物，或是一种鱼，或是青蛙，或为任何一种其他动物。

"其二，这种工具在运送过程中还要进行更仔细的分类，即将大小一样的鱼或青蛙集中在一起。

"其三，我们发现，这些动物从天上落下来的时候，并未夹带任何其他东西，如沙子、树叶等。这表明，它们又曾经经过了一次挑选。

"其四，尽管有些动物是海生动物，即来自咸水中，但是，迄今为止，我们尚未听到任何一位目击者说过，怪雨中的雨水有咸味。"

综上所述，看来，运送怪雨中的动物的工具或机器每次都具有特殊的异常准确的选择能力。除旋风解释之外，还听到一些人将怪雨现象解释为台风或飓风，即一种海洋上经常发生的热带空气漩涡，将大片海水席卷而起，在海面或距海面很近的鱼类和其他生物也被随之卷起。这实际上也是一种旋风，只不过风力很大而已……这种解释同样也十分缺乏逻辑和推理性。因为除上面讲过的选择能力外，怪雨现象中还有一些生活在深海中的鱼类，并有一些死鱼或鱼干，这些事实都是台风或飓风论者无法解释的。

奇异的闪电

"任何一出戏剧，任何一种魔术，就其壮丽的场面和奇特效果而言，都无法同大自然中的闪电媲美。"这是法国著名天文学家弗拉马里在对无数电击现场作了考察后的总结。闪电如何壮丽？如何奇特？请看他的记录中的几处精彩片断：

片断一：法国某小城市，3 名士兵正在树下避雨。闪电忽地一亮，3 人顷刻间死去，但仍直挺挺地站着，好像仍在坚守岗位。雨过天晴，行人过去问路，不见回话，碰了他们一下，"啪"的一声，3 具尸体立刻倒地，化成一堆灰烬。

片断二：一个雷雨天，某人正在自家小屋内举杯饮酒，忽然电闪雷鸣，酒杯"嗖"地一下飞到院子里，人平安无事，杯子秋毫未损。还有一次，某男孩正扛着一把铁叉行走在回家的路上，闪电猛地一下把他手中的铁叉"夺走"，扔到了 50 米远的地方。你看，闪电还会"夺"人东西呢！

片断三：在奥地利维也纳市郊，有位医生名叫德莱金格，他有一个精美的钱夹，是用玳瑁制的。上面用不锈钢镶着两个相互交叉的大写"D"字，这是德莱金格姓名的缩写。一次他乘火车回家，真倒霉，不知何时他的钱夹不见了，他很着急。可就在这天晚上，他被叫去抢救一个刚被闪电击中的外国人。本来心里很烦，但他还是恪守医德，去了。最令人吃惊的是，医生在检查他的脚时，发现那人的脚上赫然印着两个交叉的大写"D"字，同他钱夹上的标记完全一样。此人病好后，看到为他治病的医生正是钱包的主人，便惭愧地低下了头，交出了钱夹。

片断四：印度有一位患白内障双目失明的老人，久治不愈。1980 年的一天晚上，他正坐在家中喝茶，忽然电闪雷鸣，他感到脑子猛地一震，约 4 分钟后恢复了正常。第二天早晨，奇迹发生了，他重见光明，又清楚地看到这个精彩的世界。有人认为这是老人平日行善，感动了上苍：有人认为这是因为他当时正好处于雷击的有效磁场内，磁场把不溶性蛋白变成可溶性蛋白，扫除了眼内"障碍"。

片断五：一次，闪电击中了一名妇女。把她的耳环给熔化了，内衣烧坏了，而妇女本人一切正常，连一丝灼伤的痕迹都没留下。真是奇迹，这闪电真比魔术师还神奇吗?

片断六：自然界中的闪电以枝状闪电最为普通，另外还有联珠状闪电，火筒状闪电，片状闪电，而其中最罕见的当数球状闪电。

在前苏联一个农庄，曾有两个孩子在牛舍下躲雨，突然，他们发现前面白杨树上有一个橙黄色的火球跳来跳去，最后落到地上。忽然，火球直朝小孩冲来，吓得孩子两腿发抖。当火球来到跟前时，年幼的孩子鼓起勇气朝它踢去，"轰隆"一声，火球爆炸了! 孩子们被震倒在地，但身体没一点事，可回头一看，牛棚里的 12 头奶牛仅幸存 1 只了。还有一次，在美国一个小城里，某家庭主妇正在做饭，想把昨天买的鸡和鸭炖一炖，但打开冰箱。呀，生鸡和生鸭怎么全都熟透了。"上帝啊，上帝显灵了，奇迹出现了!"女人的惊叫引来了众多邻居，许多人都把这视为"上帝的启示"。

但经科学研究表明，这是球状闪电开的玩笑，它不知怎么就钻到冰箱里，眨眼间把冰箱变成电炉。结果里面的食品顷刻间全部熟透了，而冰箱竟完好无损。

闪电的历史太过久远了，但人们真正开始用科学的眼睛观察它，还只是 200 多年的事。那时美国科学家富兰克林首次用接着金属导线的风筝探索闪电。200 多年过去了，人们不但在理论上找到了它的成因，而且在实验室里也能人工模拟。现在，人们已把它充分运用到生产上，最先进的应是人们利用闪电创造了"起死回生"的奇迹：医生把电线接在心脏刚停止跳动的人身上，利用电压为 2500 伏特~4000 伏特的电流进行脉冲放电促使心脏恢复跳动。这就是这科学的力量，科学的发展，使人们更加清楚地认识这个世界。

奇妙的 "怪雪"

白雪对人们来说，并不陌生。每当下雪的时候，大地顿时一片银装素裹，好不壮观！然而世界上总有些怪事，有人竟然发现雪也有各种颜色，并且有些雪的形状还非常奇特。早在 200 多年前，瑞士科学家本尼迪率领一支科学探险队到北极探险时，就曾见过颜色像血一样的红雪。从此以后，有关各种各样颜色雪的报道，就接连不断出现。例如，1960 年 5 月，我国登山运动员在珠穆朗玛峰，也发现鲜艳的红雪。1963 年 1 月 4 日，日本的石川、福斗等地也见过红、黄、褐色混杂的彩雪。苏格兰更是降过墨雪。1986 年 3 月 2 日，前南斯拉夫西部著名旅游胜地——"波波瓦沙普卡"降了黄雪，当地雪景绮丽多姿，但降黄雪还是头一次。

彩雪现象引起了科学家们的极大兴趣，纷纷进行研究。有些专家认为，彩雪的颜色来源于一种单细胞构成的最简单的植物——原始冷蕨。这种冷蕨在极寒冷的情况下繁殖非常快。它们的颜色也有很多种，有红的、绿的、紫的等。它们能够根据自身的需要选择所需要的光线和数量，来改变自身的颜色。比如，如果它需紫外线，它就变成红色，它的细胞胚被风吹到雪上，过几个小时，周围的冰雪就会变得一片通红。

可是，这种微小细胞内部究竟如何发生变化，人们至今仍没弄清楚。科学家们对原始冷蕨的研究仍在继续，终究有一天，科学将揭开它的"构造"之谜。

不光世界上存在各种颜色的雪，人们也发现过像碟那么大的雪花，其形状与碟子十分相似，故人们将它形象地称为"雪碟"。

1887 年，美国就曾下过一场令人惊奇的雪。当时天气气温略高于冰点，

相对湿度饱和，刚开始下雪时，雪花并不大，后来逐渐变大，每片雪花的直径从6.5厘米增至7厘米，最后达到9厘米。据记载，当时曾有人将采集到的这些"雪碟"分组称量，结果发现它比通常的雪花重数百倍。

最具有代表性的"雪碟"现象，于1915年1月10日发生在德国柏林。每个雪花都十分像真实的碟子，雪花的直径约8厘米~10厘米，与碟子大小差不多，其形状也与碟子十分相似，四周朝上翘着。它们从天空中降落时，比周围其他小雪花下落的速度快很多。在地面上的人看来，它们简直就像无数白色的碟子从天而降，落到地上居然没有一个翻转过来，令当地居民十分惊讶。

为什么会出现"雪碟"现象呢？气象科学家对此进行了深入的研究，并提出种种猜测。有人认为，可能是一些较大的雪花在下落过程中，由于速度较快而将周围的小雪花吸附，最后越吸越多，越积越大，终于形成了"雪碟"降落在地。这一过程很像"滚雪球"，所以很好理解。但为什么变大后的雪花呈奇异的碟状，现在还无人知晓。

"空中死神" 酸雨

自然界中有一种污染现象——酸雨，它是由于地面上人为的烟尘污染，在空中遇雨又降落到大地而造成的。

酸雨是怎样形成的呢？据环境学家的长期研究发现，地球上有50%的二氧化硫是火力发电、钢铁冶炼、交通运输所排放的，而且它往往集中在一些城市局部的工矿地区。在人们用煤和石油等石化物作燃料时，排放出的大量的二氧化硫，流入了大气层，结果导致这些地区大气中二氧化硫的浓度增高，为天空中酸性云的形成提供了物质基础。进入大气中的二氧化硫在阳光、水蒸气、飘尘等作用下，发生一系列的化学反应，转变为酸和硫酸盐，并以硫酸雾的气溶胶形式在空气中飘荡或寄存于云雾之中。一旦遇到降雨的天气，酸和硫酸盐被冲洗下降落到地面，便形成了危害万物的酸雨。

所以，酸雨这种污染，可以造成国际性的环境污染，比别的污染具有更大的危害性。酸雨能使成千上万的大小湖泊、河流和地下水酸化，影响水生动植物的生长；落到地面上的酸雨，能改变土壤中的化学成分，造成森林的毁坏和农业的减产。在酸雨的长期作用下，土壤会发生酸化，硫酸盐增加，有效性硒含量降低，使农作物含硒量普遍下降。

芝加哥大火之谜

1871 年 10 月 8 日，是个星期天，美国芝加哥街上挤满来来往往的人群。就在大家兴致正浓的时候，谁也没有注意到天色逐渐昏暗。忽然，城东北一幢房子起火。消防队接到警报，还来不及抬出装备，第二个火警就接踵而来，离第一个火警 3 公里外的圣巴维尔教堂也起火了。消防队立即分拨一半人去教堂。紧接着，火警从四面八方传来，消防队东奔西跑。

芝加哥是著名的"风城"，火借风势，越烧越旺，全城在第一个火警发出一个半小时后全陷入火海之中，任何力量也没法抵御火神的进攻。惊慌失措的市民逃出房子，在街上瞎跑乱撞，都想找一个没火的保护所。平民靠两条腿逃离火区。富人弃了马车，骑上惊马向市郊突围，一路踏死了不少人。幸亏火灾发生得早，人们均未入睡，然而全城被烧死、踏死的竟有千余人，另有几百人在郊区公路上倒毙。

芝加哥城在密执安湖南岸，位于五大湖平原上，原是印第安人狩猎地，1834 年建市时人口不到 1000 人。随着农牧业的发展，森林、铁矿的开采，运河、铁路的接通，芝加哥成了暴发户，大火时人口已达数万，是当时世界肉类工业"首都"。由于建筑物多为简陋木屋，火燃烧到翌日（10 月 9 日）上午，全城已化为废墟，17000 座房屋全被焚毁。据救灾委员会报告，全城财产损失 1.5 亿美元（相当现在的 20 多亿美元）。

那么，这场火灾的肇事者是谁呢？报纸说是一头母牛碰翻煤油灯，引燃了牛棚，蔓延于全城。人云亦云，市民深信不疑，在现场指挥救火的消防队长麦吉尔，对这个轻率的结论嗤之以鼻，他在调查证词中说："到处是火。在短时间内燃遍整个火场。"

芝加哥俯瞰

几百人奋勇逃出火海，死里逃生，来到郊区的公路上。可是，他们离奇地集体倒毙了。尸检鉴定，他们的死却与火烧无关。

总之，谁也不相信一头母牛碰翻油灯烧掉芝加哥的鬼话。

对于这场大火的发生，科学家们提出种种解释和假设，但都不能自圆其说。当时警察局抓了不少纵火嫌疑犯，可经过反复调查，又一一否定了他们作案的可能性。此事至今，仍是一个悬案。

龙卷风之谜

不管下述发生的事情看起来如何离奇古怪，但还是可以找到肇事的罪魁祸首——龙卷风。

龙卷风通常是极其快速的，每秒钟 100 米的风速不足为奇，甚至达到每秒钟 175 米以上，比 12 级台风还要大五、六倍。

风的范围很小，一般直径只有 25 米～100 米，只在极少数的情况下直径才达到 1 公里以上；从发生到消失只有几分钟，最多几个小时。

龙卷风的力气也是很大的。1956 年 9 月 24 日上海曾发生过一次龙卷风，它轻而易举地把一个数万斤重的大储油桶"举"到 15 米高的高空，再甩到 120 米以外的地方。

龙卷风在美国又叫旋风，是常见的自然现象。旋风的破坏力往往超过地震。

1879 年 5 月 30 日下午 4 时，在堪萨斯州北方的上空有两块又黑又浓的乌云合并在一起。15 分钟后在云层下端产生了漩涡。漩涡迅速增长，变成一根顶天立地的巨大风柱，在 3 个小时内像一条孽龙似的在整个州内胡作非为，所到之处无一幸免。但是，最奇怪的事是发生在刚开始的时候，龙卷风漩涡横过一条小河，遇上了一座峭壁，显然是无法越过这个障碍物，漩涡便折向西进，那边恰巧有一座新造的 75 米长的铁路桥。龙卷风漩涡竟将它从石桥墩上"拔"起，把它扭了几扭然后抛到水中。事后专家们认为，这次旋风毁桥显示了它的最大威力，此时漩涡壁气流的速度已高于音速。

高于音速的龙卷风好像是个魔术师，它的表演令人吃惊。例如，美国圣路易市在 1896 年发生过一次旋风，使一根松树棍竟然轻易穿透了一块一厘米左右厚的钢板。

1919 年，发生在美国明尼斯达州的一次旋风，使一根细草茎刺穿一块厚木板，而一片三叶草的叶子像楔子一样，被深深嵌入了泥墙中。

1925 年 3 月 28 日一次有名的"三州旋风"遍及密西里、伊利诺斯和印第安纳 3 个州，损失达 4000 万美元，死亡 695 人，重伤 2027 人。美国境内的另一次龙卷风竟然摧毁了一座铁路桥，可见风力之大。

发生于原苏联城镇的龙卷风的范围比较大，它大约吹过了 1 万米的距离后刮入到一户人家的园子里，幸运的是所受损失不大，但是十分使人不解的是关于麦蒂希布农妇谢莱茹涅娃和她儿子的事情。龙卷风将她、她的大儿子和婴儿吹到一条沟里，而她的次子彼佳被刮走不见踪影，直到第二天才在索加尔尼基布找到了他。当时他吓得魂不附体，但丝毫未受什么损伤，仍好端端的活着。令人奇怪的是，他不是顺着风向吹，而是逆着风被吹到索加尔尼基布的。

在美国的俄克拉荷马州曾发生过这样一件怪事。两匹马拖着一辆大车，车夫坐在车上，由于天气闷热，他打起瞌睡来了。一声巨响把他从昏睡中惊醒过来。他用双手擦擦眼睛，一瞧不得了：两匹马和一根车辕无影无踪。再摸摸自己，却是安然无恙。

俄克拉荷马州的一对夫妇也遭到了这种厄运。在 1950 年的一个晴朗的夏日，他们躺在床上休息。一声刺耳的巨响赶走了睡神，他们俩起来看了一看，以为这声音是梦中听到的，于是重新又躺下。但是，他们忽然发现自己连床已被弄到荒无人烟的旷野。周围没有房子，没有任何建筑物，也没有牲畜。

空中飞物是龙卷风现象中最不可思议的。带着这些东西飞行的是龙卷风还是云层呢？1917 年 3 月 23 日新奥尔尼市曾有过一次空中坠物的奇雨：在离遭龙卷风袭击的村庄 40 公里远的地方，从云端落下来衣物碎片、残缺不全的家具、瓦片、一扇厨房中柜子的门，还有一罐子渍黄瓜等。显然，云层是不能带着这些重物在空中一起飞行的。

四、令人称奇的植物世界

植物自卫

植物在自然环境中生存，除具有一定的适应能力外，还要有一套自卫能力。因为它们每时每刻都面临着微生物、昆虫、脊椎动物的破坏，还要承受到自然灾害的侵扰。所以，一些植物为了使自己能够生存下去，形成了各种各样的自卫本领，有的可以抗寒、抗涝、抗盐、抗病，有的还拥有强大的化学武器，有的以棘、刺及毛状体等为武器进行自卫，有的具有逃避灾难的本领。更奇妙的是，有些植物在受到侵害时，能迅速调整自己体内的化学物质，进行更为有效的自卫。

1970 年，美国阿拉斯加的原始森林中，野兔繁殖的极为迅速，严重威胁了森林的存在。当地人为了保护森林，采取了很多办法，对野兔进行大规模地捕杀，可是效果不大，野兔仍有增无减。当人们眼看森林就要遭到毁灭时，奇迹出现了，野兔竟然集体生起病来，大批大批地死亡，就在几个月的时间里，野兔就在森林里消失了。这是怎么回事呢？科学家们深入现场进行实地考察。他们发现在被野兔咬过的树新长出的芽中，有一种叫萜烯的化学物质。正是这种物质，导致了野兔的生病、死亡，森林被保护了下来。

这种现象在其他地方也有发生。1981 年，在美国东北部的大片橡树林中，出现了一种叫舞毒蛾的森林害虫，很快便把 1000 万亩的橡树叶子啃个精光。可是过了一年以后，舞毒蛾竟然销声匿迹了，橡树林又焕发了往日的风采。这是怎么回事呢？因为当时人们对灭蛾并未采取什么措施。经研究发现，在舞毒蛾咬食之前，树叶的单宁酸含量并不多，可在咬食之后，单宁酸却大量增加。这种单宁酸同舞毒蛾胃里的蛋白质结合之后，吃进去的叶子就难以消化了。舞毒蛾吃了这样的橡树叶子后，便会浑身不适，食欲减退，行动迟缓，不是病死，就是被鸟类吃掉。原来是单宁酸保护了橡树林！

　　植物学家对这样的事情是不能无动于衷的。英国植物学家厄金·豪克里亚通过观察发现白桦树被昆虫咬伤后，树叶中的化学物质酚就会增加，影响了叶子对昆虫的营养价值。酚在桦树叶子中生成很快，一般在昆虫食后的几小时，最多几天内就会形成，这样便有效地抵制了昆虫的进攻。酚在桦树叶子里存在的时间是短暂的，危害解除，酚也随之减少。还有一些科学家通过对枫树、柳树以及其他植物叶子的观察研究，也都发现了酚醛、树脂等抵抗害虫的化学物质。

　　以上种种现象，就够离奇的了，接下来植物学家的发现，听起来就更像是天方夜谭了。美国华盛顿大学的植物学家戴维·罗兹和达特默思学院的学者伊思·鲍德温都发现，有些植物在受到害虫袭击时，不但自己能自卫，还会向周围的伙伴发出警报，让它们也做好自卫的准备。罗兹发现，当柳树受到毛虫攻击时，不但柳树本身会产生抵抗物质，而且3米以外的柳树虽然没有受到攻击，也会产生抵抗物质，进行集体自卫。糖槭也是这样，受攻击的树还会产生挥发性化学物质，通过空气四处传播，通知其他糖槭树有敌人入侵，要做好准备。

　　这一切都好像是有意识进行的，不过有些植物学家对此持否定态度。他们认为，植物没有神经系统，没有意识，怎么能进行自卫呢？总之，这些还都是谜，也需要科学家们能尽快做出令人满意的解释。

笑　树

非洲卢旺达首都有一家植物园,人们在那儿游览,遇到刮风的时候,就会听到"哈、哈……"的笑声。不知缘由的游人左顾右盼,也休想找到那个发笑的人。当地人便会手指一棵大树,自豪地来帮助游人解开谜团:"这是一种会发笑的树,它以笑声表示对你的欢迎。"

笑树为什么会笑?原来,它是一种小乔木,高约 7 米 ~ 8 米,树干深褐色,叶子呈椭圆形。每根桠杈间,都长着一个像小铃铛般的皮果,它又薄又脆,里面是个空腔,生着许多小滚珠似的皮蕊,能自由滚动。皮果外壳长满斑斑点点的小孔,一阵风吹来,皮果随风摇动,皮蕊在空腔里来回滚动,不断撞击既薄又脆的外壳,发出像人一样的笑声。因此,当地人称它为"笑树"。

更有趣的是,巴西有一种名叫"莫尔纳尔蒂"的灌木,它在白天能"笑",晚上会"哭",发出不同的声响。植物学家经过研究后,认为这一奇妙的现象与阳光的照射有着密切的关系。

植物花粉之谜

　　大家都知道，植物靠花粉繁殖。不但如此，在许多年前地球表面发生的大变动中，植物正是借助花粉才得以生存下来。花粉是发芽的小孢子或配子体，从中生长出新的植物。植物产生的花粉数量是巨大的（可想而知，仅一个玉米雄穗就有 5 万个花粉粒，整块田将会有多少!），直接用于授粉的花粉数量微乎其微，其余的都被风吹散。正因如此，植物才存活下来。在高山上和沙漠里，在河中和海底，从地下开采的石油中，甚至在冰山上，都可以找到花粉。

　　为什么要研究花粉呢？20 世纪 20 年代，科学家在泥炭沉积层中发现了植物花粉。结果查明了：花粉在土中存放数千年之久无变化，确切点说，不是花粉，而是由一种叫做花粉素的物质组成的花粉膜没有改变。多次试验表明，甚至在酸碱液中煮沸后花粉膜依然如故。回想一下，在海底也曾找到过花粉，它同样也无变化。可以想象它能承受多么大的压力。

　　现在回到开始提到的问题。花粉孢子的分析对生物学家是非常有用的，特别是对那些研究已经灭绝的动物和古生植物的人。科学家研究猛犸胃中的植物花粉，发现了许多有趣的事实。猛犸主要吃禾草和苔草。已经证实，猛犸不吃蕨类和苔藓。花粉的存在说明这种动物曾在安加拉河及叶尼塞河流域生活过。

　　花粉孢子的分析为了解地球发展史各大阶段提供了考证。例如，已明确植物转向陆地的时间不是在古代泥盆纪，而是在此前大约 3 亿年。这还远不是花粉全部功能的记录表。

　　花粉孢子法的基本原理是：一块附有花粉印记的矿石，粉碎后放在密度比花粉本身大的液体内，花粉漂浮上来，然后把花粉收集起来，并通过离心机沉淀，就做好了分析的准备。地质学家认为："如果借助花粉能鉴定地球过去的面貌，那就可以确定地壳沉积的年龄。因为在所有的沉积物中都可找到花粉。"

了解含有矿层的地壳沉积年龄对地质研究非常重要。地层中藏有动植物残骸当然很好，可是如果没有呢？这时就要靠花粉来帮助了。但花粉不仅是"久已消逝的年月"史册，得到花粉帮助的也不仅是地质勘探人员。除这些以外，它还是一个各种维生素的储存库。

不久前在"大自然礼品"商店橱柜中出现了带有"花粉蜜"字样的罐头。家庭主妇们抱着不信任的眼光看了看这些罐头，又放回原处。"若是纯蜂蜜该多好，可是却要带什么花粉？"如果她们对花粉的疗效稍有所知，那就会改变对花粉蜜的看法。

大小不超过2微米的微小花粉球中含有很多碳水化合物、脂肪、蛋白质、无机盐。花粉中维生素含量之高是自然界中任何其他东西都无法比拟的。花粉中维生素A的含量要比胡萝卜高20倍以上。

如今谈论精神紧张和精神负担比较多。你看心肌梗塞和神经性障碍发病率在上升……这样一来，一克花粉所含的芳香苷（芦丁，青春维生素）能够预防几十人的心肌梗塞、脑溢血和视网膜出血。花粉蜜也用于治疗高血压和神经性疾病。

有时人们可以见到：天气很好，一个完全健康的人外出，可是回来时却感冒了，又咳嗽，又发烧。出了什么事呢？为什么一个健康的人在风和日丽的好天气出门会感冒呢？问题还在于花粉。因为各种植物，开花时空气里充满了花粉，而花粉能引起某些人的不良反应。这时不需要拔火罐和贴芥末膏，可用同一种花粉制成药剂，用它能够治愈此病，并且一劳永逸。

很难预料，花粉学还能在哪些领域显示自己的本领，但有一点是清楚的，它将忠实地为人类服务。

光 棍 树

在大自然里，有一种奇树，一年四季都呈现光秃秃的形象。不要以为这是枯树，实际上它是生机蓬勃的。这种树名叫"光棍树"，产于非洲的沙漠地区，我国海南也有大量生长。

为什么光棍树只长树干、枝条，不长叶子呢？原来，非洲的荒漠地带气候干旱，雨水稀少。为了生存，植物除凭借顽强的生命力外，还要采用各种各样的巧妙办法去适应大自然。植物与干旱作斗争的最常用办法就是"节约开支"，减少叶片的蒸腾作用。光棍树用绿色的茎与枝条代替叶的功能，进行光合作用，通过吸取阳光的营养来强壮自己，而叶则退化了。这是它与干旱作斗争的最巧妙的办法，也是它在长期自然选择中的结果。

如果光棍树也像气候湿润、雨水充足地方的植物一样，长出又大又多的叶子，那么叶子上有许多细小的气孔，植物的蒸腾作用就大，光棍树就无法适应干旱而被自然界淘汰。

除此以外，光棍树还有自我保护的作用，使一些吃叶的动物见到光秃秃的枝丫而不去光顾，减少了被动物吃掉的机会。

植物生长与地球自转之谜

科学家们发现，地球自转所形成的重力，对植物的成长发育都有很大影响。

地球自转对植物的影响，从外观上看，是无处不在的螺旋体。最明显的例子就是爬蔓植物啤酒花。在潮湿的混交林中，或在河岸溪边，常可看到长得高高的、像一团乱麻似的啤酒花丛。这一团团乱麻就是它缠结在一起的细茎和心状的铲形叶。在多棱的爬行茎上长满锐利的钩刺，这些钩刺搭攀住附近的灌木或乔木。它的茎生长非常迅速，很快缠住树木的枝干，按逆时针方向盘旋上去，形成了左螺旋。有时它的茎还能自相缠绕，就像绳索一样。一般来说，爬蔓植物大都是沿着支撑体向右盘旋上升的，只有少数向左旋。啤酒花就属于这种特例。

除爬蔓植物外，其他植物的叶子也都是按螺旋方式长在茎上的。作为观赏植物的芦荟就是这样。仔细观察榆树、赤杨、柞树以及柳兰、草地矢车菊等，就会发现，它们的叶子都是明显按螺旋方式排列在枝上的。另外，大多数草的叶子排列也都是螺旋式的。正是由于螺旋式排列，才没有一片叶子正好长在另一片叶子的下面，这样即使长在最下面的叶子，也能享受到太阳的光照。大多数植物的叶子都是按顺时针方向盘旋而上的，逆时针而上的为数不多。通常的情况是，右旋植物的叶子右半部发育较快，左旋植物的叶子左半部发育较快。

人们还可按照叶序旋转的方向辨别出植物的性别。比如白杨、柳树、月桂树和大麻等植物，阴性的叶子是从左向右，阳性的叶子则从右向左排列。有些针叶植物，它们的螺旋性并不表现叶子在茎上的排列形式，而是表现在这些叶子的旋转方向上。像成对生的松树针叶常常是以螺旋式旋转的，而每一对松针旋转的方向总是一致的。

人们还发现，椰子树巨大的、带有花纹的叶子也是按螺旋式排列的，不过这种排列，因其在赤道南北的位置不同而不同。生长在赤道以北的椰子树叶大多数是左旋的，而生长在赤道以南的，则是右旋的。

不但植物的茎叶是螺旋排列的，它们的花朵上的花瓣也往往同样按螺旋方式集聚在一起。果实也不例外，有种叫复果的聚花果，也是按螺旋排列的。像向日葵的花盘，它的籽就是一个挨一个地从中心按螺旋式排列，而形成一个大圆盘的。松树和白杉的球果的鳞片也呈螺旋状。

再进一步深入研究会发现，对动植物机体的发育有决定性作用的脱氧核糖核酸，它的分子结构原来都是细长的双螺旋线。自然界中的蛋白质都是左旋的，而糖的原子排列则是右旋的。既然组成生物机体的分子是按螺旋曲张排列的，那么，生物机体的整体都有螺旋状组织也就不奇怪了。

螺旋为什么在植物界无处不在呢？研究它有什么意义呢？这方面的研究，还远未达到令人满意的地步。

有些科学家认为，宇宙中的星体都在旋转，地球绕太阳转，太阳系绕银河系的银核转，银核本身也在转。这种无止境的旋转，对地球上的一切生物都会产生影响，这就是人们所看到的世界上存在那么多螺旋现象的原因。

还有的科学家设想，自然界中的螺旋状态乃是宇宙中运动的共同规律的反应。尤其是地球的永恒的匀速运动，地球的引力场和电磁场对植物的生长发育起着巨大的作用。

研究植物的螺旋状态，其意义也是显而易见的。有人分析，一些对人有益的植物，其性质也许就取决于叶序的方向或者叶子的旋转方向。即使是同一种植物，由于叶序左旋和右旋的不同，它们所含的药用物质或人体所需要的其他物质也许是有差异的。一些科学家通过对几十种植物叶子的左右两半分别进行各种物质含量的化验，发现发育较快的那半边所含的叶绿素、维生素 C 和植物本身生活所必需的其他营养物都比另一边多。

目前对植物螺旋状态的研究还都是初步的，许多疑团还等待着人们去进一步探索。

植物"肿瘤"

人类与动物都会生肿瘤，那么植物也会生肿瘤吗？

是的，如果你留心观察，就会发现，一些树龄较长的树的身上，有一个个颜色很淡的突起物，这就是植物的"肿瘤"。

树的"肿瘤"是怎么生成的呢？有的植物在病菌、害虫的侵入和寄生情况下，一些细胞组织被破坏，细胞无法控制自己的分裂，受到病虫害侵袭的地方就会产生赘瘤。

另外，有的植物遇到动物袭击而受伤，有的植物遇到烈日暴晒后开裂受伤，有的植物经不起狂风的摇撼而折断受伤，有的植物在雷电打击下因燃烧受伤，它们在伤口愈合过程中，细胞会过度地分裂，这些都会产生生理性的赘瘤。

虫害引起"植物肿瘤"的现象也是普遍的。有一种柑橘锈壁虱，会引起许多果木的枝叶、花苞、果柄、果蒂和果实产生肿瘤。

"植物肿瘤"对于植物的生长一般是有害的。一旦形成"肿瘤"，它会影响植物体的正常代谢活动和生长发育，干扰开花结果，严重的还会导致植物死亡。但是有一种根瘤，是由于根瘤菌侵入根的皮层后刺激根组织而形成的，不但无害，反而有益。根瘤菌可以向豆科植物提供氮素，它与宿主形成共生现象。

植物的"血液"与"血型"

　　人有血液，动物有血液，难道植物也有血液吗？它们的血也有血型吗？回答是肯定的。在许多地方，都发现了洒"鲜血"和流"血"的树。

　　我国南方山林的灌木丛中，生长着一种常绿的藤状植物——鸡血藤，总是攀援缠绕在其他树木上。每到夏季，便开出玫瑰色的美丽花朵。当用刀子把它的藤条割断时，就会发现，流出的液汁先是红棕色，然后慢慢变成鲜红色，跟鸡血一样，所以叫"鸡血藤"。经过化学分析，发现这种"血液"里含有鞣质、还原性糖和树脂等物质，可供药用，有散气、去痛、活血等功能。它的茎皮纤维，还可制造人造棉、纸张绳索等，茎叶还可做灭虫的农药。

　　南也门的索科特拉岛，是世界上最奇异的地方，尤其是岛上的植物，更是吸引了世界各地的植物学家。据统计，岛上约有200种植物是世界上任何地方都没有的，其中之一就是"龙血树"。它分泌出一种像血液一样的红色树脂，这种树脂被广泛地用于医学和美容。这种树主要生长在这个岛的山区。关于这种树，在当地还流传着一种传说：在很久以前，一条大龙同这里的大象发生了战斗，结果龙受了伤，流出了鲜血，血洒在这种树上，树就有了红色的"血液"。

　　英国威尔士有一座公元6世纪建成的古建筑物，它的前院耸立着一棵已有700年历史的杉树。这棵树高7米多，它有一种奇怪的现象，长年累月流着一种像血液一样的液体，这种液体是从这棵树的一条1米多长的天然隙缝中流出来的。这种奇异的现象，每年都吸引着数以万计的游客。这棵杉树为什么会流"血"，引起了科学家的关注。美国华盛顿国家植物园的高级研究员特利教授，对这棵树进行了深入研究，也没找到流"血"的原因。

会流"血"的植物，流出的真是血吗？不是血液又是什么东西？这些都有待进一步研究。

说来有趣，关于植物的血型，竟是日本一位做警察工作的人发现的。他的名字叫山本，是日本科学警察研究所法医。他是在1984年5月12日宣布这一发现的。

植物的血型，是在偶然一次机会中发现的。一次，有位日本妇女夜间在她的居室死去，警察赶到现场，一时还无法确定是自杀还是他杀，便进行血迹化验。经化验死者的血型为O型，可枕头上的血迹为AB型，于是便怀疑是他杀。但一直未找到凶手作案的其他佐证。这时候有人提出，枕头里的荞麦皮会不会是AB型呢？这句话提醒了山本，他便取来荞麦皮进行化验，果然发现荞麦皮是AB型。

这件事引起了轰动，促进了山本对植物血型的研究。他先后对500多种植物的果实和种子进行观察，并研究了它们的血型，发现苹果、草莓、南瓜、山茶、辛夷等60种植物是O型，珊瑚树等24种植物是B型，葡萄、李子、荞麦、单叶枫等是AB型，但没找到A型的植物。

根据对动物界血型的分析，山本认为，当糖链合成达到一定的长度时，它的尖端就会形成血型物质，然后合成就停止了。也就是说血型物质起到一种信号的作用。正是在这种情况下，才检验出了植物的血型。山本发现，植物的血型物质除了担任植物能量的贮藏物外，由于本身黏性大，似乎还担负着保护植物体的任务。

人类血型，是指血液中红血球细胞膜表面分子结构的类型。植物有体液循环，植物体液也担负着运输养料，排出废物的任务，体液细胞膜表面也有不同分子结构的类型，这就是植物也有血型的秘密所在。

但植物体内的血型物质是怎样形成的，至今还没弄清其原因。植物血型对植物生理、生殖及遗传方面的影响，也还都没弄明白，这些问题都等待着科学家们继续去努力探索。

爬山虎爬墙

赤日炎炎的夏天，在外奔走、累得汗流浃背的人们，猛一抬头看到墙上的爬山虎，绿油油的叶子遮满整面的墙壁，便觉得精神为之一振。

确实，爬山虎替人们遮住了阳光，给喧嚣的城市增添了几许绿意，不愧是绿化环境的"功臣"。爬山虎靠什么才爬到那么高的呢？靠的是吸盘。

爬山虎的吸盘长在卷须上，能分泌极黏的黏液。爬山虎就靠这吸盘，像壁虎一样，紧紧趴在墙上。

在植物分类学上，爬山虎属于葡萄科。全世界葡萄科植物大约有700种，只有70种左右不长卷须。但是，在长卷须的葡萄科植物中，像爬山虎那样，以吸盘形式吸附在墙上往上攀爬的确实也不多见。爬山虎吸盘分泌的黏液凝固以后，茎干被牢牢地沾在墙上，扯都扯不下来。

爬山虎的吸盘吸得那么牢，以至于要扯下它，先得把它的茎扯断。所以，爬山虎能够成功地抵抗狂风暴雨的袭击。

爬山虎的叶形变化非常大。植株基部的叶子和花枝上的叶子是3小叶复叶，呈手掌状排列；而幼枝上的叶则是单叶。

爬山虎是落叶植物。入秋以后，原先的绿叶变成橙黄色或红色的叶子，等到气温进一步降低，黄叶或红叶也纷纷落下。直到春暖花开，才又重新长出嫩叶来。

每年的五六月份，爬山虎开花了，到了9月以后，枝条上就培出蓝色的酸甜的浆果，鸟儿们喜欢吃。

爬山虎的适应性非常强，生长又很迅速。所以，我国从南到北都有栽培。园艺家说，用扦插的方式繁殖爬山虎，非常容易成活。一年之内，它就可以长到5米~8米高，在很短的时间内爬满整整一面墙。所以，栽种爬山虎既可以美化环境，又可降低墙面的温度，是一举两得的大好事。

植物 "语言" 之谜

要想知道人能不能跟植物谈话，得先要明白植物有没有 "语言"。这是个十分有趣的问题。人有语言，动物有 "语言"，难道默默无闻的植物也有 "语言" 吗？通过科学家们的努力，植物的 "语言" 逐渐被揭示了出来。

最早发现植物有语言的，是一位澳大利亚的科学家。20 世纪 70 年代，他发现植物在遭受严重干旱时，便会发出 "咔哒咔哒" 的声音，后经观测，发现声音是由微小的 "输水管震动产生的"。不过在当时人们没有弄明白这种声音是偶然发生的，还是由于植物渴望喝水而发出的，要是后者，那就太令人震惊了。

这件事引起了科学家的高度重视。事隔不久，英格兰大学教授米切尔，就曾把微型话筒放在植物的茎部进行了长期测听。尽管没有取得什么结果，但他仍认为这件事是有研究价值的。

到了 1980 年，探索植物语言的工作又有了重大进展。美国亚利桑那大学的威廉·金斯勒和他的同事们，在一个干旱的峡谷里装上通感装置，用来监听植物生长时发出的电讯号。他们发现，当植物将阳光和养分转换成生长的原料时会发出一种信号。把这个信号翻译出来，就成了植物从发芽到收获每个生长阶段的 "语言"。金斯勒的研究成果发表后，既引起了一些人的兴趣，也引起了一些人的怀疑。

后来，人们不但听到了植物的语言，而且还录了音。植物 "歌曲" 录音带，是由美国沙乌斯·利士纳堡录音公司制作的。他们把两个精巧的微型电极接在植物的叶子上，当叶子进行呼吸时，便会发出微微的颤动，使电压产生微弱的变化。微型电极跟一个灵敏的话筒相接，话筒就会把植物发出的信号，由另一个仪表把它转换成声音。通过录音发现，不同的植物会唱出不同的"歌"。比如非洲堇和天竺葵的乐曲就差别很大，歌声最为动听的是番茄。人们还发现，环境不同，植物唱出的歌也不同，在阳光下或沐浴到水分时，它们的歌声就会变得格外悦耳动听。

植物既然有"语言"，那么，就有了同植物对话的可能。前苏联摩尔达维亚科学院制成了一台供进行生态遗传研究用的信息测量综合装置，通过它，便可以同植物对话，当时在场的有遗传学家、细胞学家、气象学家、物理学家、生物物理学家、化学家、植物病理学家、生物学家和软件学家等。他们每个人都掌握几种植物的语言，通过仪器可以进行同步翻译。科学家们借助于电子计算机，成功地获得20~30个问题的回答。因为人们能够同植物进行语言的交流，这就掌握了育种的主动权，可以在植物种间杂交时控制遗传变异。

香港有家电子仪器公司生产了一种高灵敏度传声器，能收听到植物的根所发出的声音，并把音频强弱、声音大小如实记录下来。根据记录下来的声波，人们发现当植物缺少养料时，它的根部会发出强弱不同的声音。这就为合理地控制和调节植物的生理状态，提供了条件。

经长期研究，人们还发现了植物的另一种语言———微弱热量语。原来，植物在生长过程中，需要进行能量交换，述说它受外界条件的影响及生长情况。现在人们已经制造了一种微弱热量测量仪，用来记录植物的热量变化，有效掌握植物的生长情况。

最近，英国学者罗德和日本的科学家岩尾宪三，共同研制了一种"植物活性翻译机"，这种机器只要连接上放大器和合成器，就能够直接听到植物的声音。他们在研究中发现，当植物在黑暗中突然受到强光照射时，能发出类似惊讶的声音；当遇到变天、刮风和缺水时，就会发出低沉、可怕混乱的声音，好像它们正在忍受着某种痛苦。平时，有些植物发出的声音好像风笛在悲鸣，有的则像病人临终时的喘息，还有一些叫声本来很难听的植物，当受到适宜的阳光照射或被水洗过以后，声音就会变得动听起来。

看来，对植物语言的研究是一件非常有意义的事情，希望科学家们继续做出努力。

铁树开花

　　"千年铁树开了花"。人们往往用这句话形容事物的稀罕难逢，过去也有"铁树60年开一次花"的说法。铁树适于生活在温暖湿润的环境，不耐严寒。在我国北方，冬季寒冷，铁树只能在室内过冬。由于北方积温不够及日照较长，铁树开花较为少见。但在我国南方，特别是在云南、广东等地，一株10年以上树龄的铁树会年年开花结籽，并非稀奇的事。而铁树的寿命可达200年以上。

　　铁树又叫苏铁，它的主干柱状，叶大型羽状深裂，集生于茎的顶端。雌雄异株。雄株的雄球花长圆柱形，生在茎的顶端，是由许多小孢子叶组成的，下面密生花粉囊群。雌株的雌球花扁圆形，由一簇羽毛状的大孢子叶组成，边缘生有裸露的胚珠，以后胚珠发育成种子，种子成熟时红色。铁树的种子裸露，种子外面没有果皮包着，所以属于裸子植物。铁树是一种美丽的观赏树，四季常青，树形美观，高可达8米，叶有如大型鸟羽。铁树多作大型花坛的中心或在公园和建筑物门口对栽，也用于湖石旁配植，或盆栽于会场或宾馆门厅，装饰环境既清丽雅致，又庄严肃穆。铁树割下的叶子是制作花篮花圈的好材料。种子富含淀粉可以食用。它的叶、大孢子叶、种子（有毒）和根都可入药。苏铁全世界共约17种，我国产约8种，常用于栽培观赏。

植物感情之谜

人们常说："人非草木，孰能无情。"意思是说，人不能像草木那样没有感情。草木果真没有感情吗？经过科学家们的深入研究，逐渐得出了相反的结论。

印度一位叫包斯的植物学家，通过多次研究和实验，发现植物也有"心脏"。他曾做过这样一种实验，他拿着耙子之类的农具在一种植物面前晃动，植物的触须也跟着摆动，当耙子放在左侧时，它的触须就伸向左方；当耙子放在右侧时，它的触须就伸向右侧。这无疑是一种保护性的动作。他在研究的基础上，制造了心动曲线器，证明树木类植物不但有"心脏"，还有"脉搏"，并测出"心脏"的活动周期为 1 分钟。包斯的研究表明，植物的"心脏"就在内皮下，散布在植物表面，因此对外界的袭击有反应。

植物既然有"心脏"，那就一定有"感情"，这已被科学家的实验和观察所证明。1966 年，美国的一位科学家巴克斯特把测试仪和记录仪连接在植物上，然后把叶子用火烧焦。就在他划火柴的一刹那，两种仪器上都出现了反应。当他再次拿着火柴走近植物时，记录仪的指针就产生了强烈摆动，甚至记录曲线都超出了纸的边缘。显然这是一种恐惧的表现。有人还做过这样的实验：把测谎器接在一盆仙人掌上，一个人把仙人掌连根拔起扔在地上，然后另一人把仙人掌栽到盆里，再让前一人走近仙人掌，测谎器上的指针马上抖动起来，说明仙人掌对这个人很害怕。

植物不但有恐惧心理，而且还有喜怒哀乐的表情。一位心理学家把一部脑摄像仪传送器固定在百合花的花颈上，一位妇女在催眠术的指导下，对着百合花时而大笑，时而忧伤。从荧光屏上看到百合花随着妇女情绪的变化，显出有节奏的不同波纹，说明百合花被妇女的情感变化打动了，"理解"了她的喜怒哀乐。

另外，植物还有喜欢音乐的习性。法国有一位园艺家，把耳机套在番茄上，每天给它放 3 小时的爵士乐，结果长出了 2 公斤重的番茄王。美国路易斯安那州的一位科学家史密斯，给大豆播放"蓝色狂想曲"，20 天后，这些秧苗比未听音乐的高出 1/4。科学家们还发现，不同的植物爱好不同的音乐。比如：黄瓜、南瓜喜欢箫声，番茄喜欢浪漫曲，橡胶树喜欢风琴音乐，不喜欢交响乐。实验表明，植物一般不喜欢音响过大的音乐和噪声，噪声会使花卉的生长速度减慢 47%。

还有一些科学家发现植物也会唱歌，还会呻吟。

植物为什么会有这么复杂的感情呢？有些科学家推测可能是空气的颤动，促进了植物的生长能力。也有人认为植物的感情导源于它的"心"，这颗"心"在每个单细胞内，因此懂得冷热、惊吓和情感的波动。当然，也有人还不承认植物有感情这件事。

人和植物心灵沟通之谜

这个问题好像有点离奇，人怎么能同植物进行心灵沟通呢？可是近些年来，有些人在这方面竟取得了很多的成果，引起了人们的普遍关注。

美国有一位叫维维利·威利女士，曾做过这样一个试验：她从公园里摘回两片虎耳草的叶子，一片放在床头柜上，一片放在起居室里。每天起床，她都要看看床边的叶子，祝愿它继续活着，对另一片叶子则根本不予理睬。一个月后，她不闻不问的那片叶子已萎缩变黄，开始枯干，可她每天注意的那片叶子不但仍然活着，而且就像刚从公园里摘下来一样。似乎有某种力量公然蔑视自然法则，使叶子保持健康状态。

美国加利福尼亚洛斯加托斯国际商用机器公司的化学师马塞尔·沃格尔按照威利的办法，从树上摘下 3 片榆树叶，放到床边一个玻璃碟子里。每天早饭前，他都要注视着碟子中的两片叶子，劝勉它们继续活下去，对中间那片叶子不予理睬。一周后，中间的一片叶子已变黄枯萎，另两片仍然青绿，样子健康。使沃格尔更感兴趣的是，活着的两片叶子的小茎，由于摘自树上而留的伤痕似乎已经愈合。

这件事给沃格尔以很大的鼓舞，他想，人的精神力量可以使一片叶子超过它的生命时间保持绿色，那么这种力量会不会影响到液晶呢？所以他用显微镜将液晶活动放大 300 倍，并制作幻灯片。他在制作幻灯片时，用心灵寻找人们用肉眼看不到的东西，结果他发现有某种更高的灵感在指引着他。说明植物可以获知人的意图。但不同的植物，对人意识的反应也不同。就拿海芋属的植物来说吧，有的反应较快，有的反应较慢，有的很清楚，有的则模糊不清。不仅整株植物是这样，就其叶子来说，也各自具有其特性和个性，电阻大的叶子特别难以合作，水分大的新鲜叶子最好。植物似乎有它的活动期和停滞期，只能在某些天的某个时候才能充分进行反应，其他时间则"不想动弹"或"脾气不好"。

1971年春天，沃格尔开始了新的实验，看能否获得海芋属植物进入与人沟通联系的准确时刻。他把电流计连接在一株海芋植物上，然后他站在植物面前，完全松弛下来，深呼吸，手指伸开几乎触到植物。同时，他开始向植物倾注一种像对待友人一样的亲密感情。他每次做这种实验时，表针都发生一系列的向上波动，同时，他还能不断感到在他手心里有某种能量从植物身上发出来。

过3~5分钟之后，沃格尔再进一步表示这种感情，却未引起植物的进一步反应，好像对他的热情它已放出全部能量。沃格尔认为，他和海芋植物之间的互相反应，似乎与他和爱人或挚友间的感情反应有同样的规律，即相互反应的热烈情绪引起一阵阵能量的释放，直到最后耗尽，必须得到重新补充。

沃格尔在一个苗圃里发现，他用双手在一群植物上掠过，一直到手上感到某种轻微的凉意为止。用这种办法，他可以轻而易举地把一株特别敏感的植物拔出来。他认为凉意是一系列电脉冲所致，表明存在一个强大的场。

沃格尔在另一次试验中，将两株植物用电线连在同一部记录器上。他从第一株上剪下一片叶子，第二株植物对它的同伴的伤痛做出了反应。不过这种反应只有当沃格尔注意它时才有。如果他剪下这片叶子不去看第二株植物时，它就没有反应。这就好像沃格尔同植物是一对情人，坐在公园的凳子上，根本不留意过路行人。只要有一个人注意到别人时，另一个人的注意力也会分散。

沃格尔清楚地看到，在一定程度上集中注意力，是监测植物的必需条件。如果他在植物面前格外集中精力，而不是在通常的精神状态下希望植物愉快，祝福它健康成长，那么，植物就会从萎靡状态下苏醒。在这方面，人和植物似乎互相影响，作为一个统一体，两者对事件的发生，或者对第三者的意识，可以从植物的反应中记录下来。沃格尔发现，他和植物的这种共同意识的过程，只能有几分钟，最多为半个小时。

沃格尔说："人可以而且也做到了与植物的生命沟通感情。植物是活生生的物体，有意识，占据空间。用人的标准来衡量，它们是瞎子、聋子、哑巴，但我毫不怀疑它们在衡量人的情绪时，却是极为敏感的力量。它们放射出有益于人类的能动力量，人们可以感觉到这种力量。它们把这种力量送给某个人的特定的能量场，人又反过来把能量送给植物。"

既然人可以同植物进行心灵的沟通，那么可不可以化入植物之中呢？早在 16 世纪，德国有位名叫雅可布·贝姆的绅士，声称他有这种功能。当他注视一株植物时，可以突然之间通过意念与植物融成一体，成为植物的一部分，觉得生命在"奋力向着光明。"他说，此时的他同植物的单纯的愿望相同，并且与快快生长的叶子共享水分。

有一位名叫戴比·萨普来圣何塞的姑娘，在沃格尔的帮助下，曾化入一种海芋植物。当她化入时，仪表上示踪笔立即划出波浪起伏的图样；当她化出时，图样突然停止运动。后来戴比描述当时情景时说："我是从植物的底部进入植杆的。进入之后，我看到运动着的细胞和水分在主杆中上行，我也随着它们上行。当我抵达伸开的叶子时，感到自己进入一个不能自控的领域。没有思虑，只感到自己已胀满，成为植物表面的一部分。我觉得已被植物接纳。没有保护，只有时间感，只有一种存在和空间结合在一起的感觉。以后她又数次化入植物，描述了细胞体内的样子以及具体结构，并具体指出有片叶子被电极严重烧伤。当沃格尔从这片叶子上摘下电极时，果然发现这片叶子被洞穿了。

在同植物进行感情交流时，千万不能伤害植物的感情。沃格尔请一位心理学家在 4.6 米外对一株海芋属植物表示强烈的感情。试验时，植物做出了连续不断的强烈反应，然后突然停止了。沃格尔问他心中是否出现了什么想法，他说他拿自己家里的海芋属植物和沃格尔的做法比较，认为沃格尔的远比不上他自己的。显然这种想法刺伤了沃格尔的海芋属植物的"感情"。在这一天里，它再也没有反应，事实上两周内都没有反应。这说明，它对那位心理学家是有反感的。

　　沃格尔发现，植物对谈论性问题比较敏感。一次，一些心理学家、医生和计算机程序人员，在沃格尔家里，围成一圈谈话，看植物有什么反应。谈了大约一个小时，植物都没有反应。当有人提出谈谈性问题时，仪器上的图迹发生了剧烈变化。他们猜测，谈论性的问题可以激发某种性的能量。在远古时代，人类祈祷丰产时，在新播种的野地里进行性交，可以刺激植物的生长。原始人可能意识到了什么。

　　另外，植物对在摇曳着烛光的暗室里讲鬼怪的故事也有反应。在故事的某些情节中，例如"森林中鬼屋的门缓缓打开"，或者"一个手中拿刀子的怪人突然在角落出现"等等，都特别能此起植物的反应。沃格尔还用事实证明，植物也可以对在座人员虚构想象力的大小作出反应。

　　沃格尔的研究，为植物界打开了一个新领域。植物王国似乎能够揭示出任何恶意或善意的信息，这种信息比语言表达的更为真实，这种研究其意义无疑是深远的，但怎样进一步开发它，让它为人类服务，还是一个尚未解决的问题。

含羞草 "害羞" 之谜

含羞草是一种豆科草本植物。它白天张开那羽毛一样的叶子，等到晚上就会自动合上。有趣的是，你在白天轻轻碰它一下，它的叶子就像害了羞一样，悄悄合拢起来。你碰得轻，它动得慢，一部分叶子合起来；你碰得重，它动得快，不到10秒钟的时间，所有的叶子都会合拢起来，而且叶柄也跟着下垂，就像一个羞羞答答的少女，所以人们管它叫"含羞草"。

含羞草为什么会动呢？大多数植物学家认为，这全靠它叶子的"膨压作用"。在含羞草叶柄的基部，有一个"水鼓鼓"的薄壁细胞组织，名叫叶枕，里面充满了水分。当你用手触动含羞草，它的叶子一振动，叶枕下部细胞里的水分，就立即向上或两侧流去。这样一来，叶枕下部就像泄了气的皮球一

样瘪了下去，上部就像打足了气的皮球一样鼓了起来，叶柄也就下垂、合拢了。在含羞草的叶子受到刺激合拢的同时，会产生一种生物电，把刺激信息很快扩散给其他叶子，其他叶子也就跟着合拢起来。过了一会儿，当这次刺激消失以后，叶枕下部又逐渐充满水分，叶子就会重新张开，恢复原来的样子。

但也有的科学家认为，含羞草所以会运动，是跟光敏素的作用有关。

含羞草的老家在巴西，那里经常有暴风雨。含羞草的枝干长得非常柔弱，为了适应这种不良环境，它在自然选择中培养了保护自己的本领。每当风雨到来之前，就把叶子收拢起来，叶柄低垂，这样一来，就不怕暴风雨的摧残了。

有趣的是，含羞草还是相当灵敏的"晴雨计"。人们利用它的这种怪脾气和本能，预测未来的晴雨。

"含羞草害'羞'，天将阴雨"这句谚语告诉人们，如果含羞草的叶片自然下垂、合拢，或半开半闭，舒展无力等，"害羞"现象，就预兆着将有阴雨天气。

在正常天气里，含羞草一般不会自己"害羞"，即使有人碰它的叶片，叶片也会很快地合拢，恢复原状。这是晴天的征兆。

当天气发生变化，含羞草本身对湿度反应很灵敏，加上小昆虫因为空气湿度大，只能贴近地面低飞，容易碰到含羞草的叶子上，含羞草也会作出反应。这时候，用手指去碰它的叶片，叶片也会回拢，但恢复原状相当慢，反应迟钝，这预兆着在一两天以内，天气将转阴有雨。

含羞草是一种奇妙的植物，它的身上还有不少奥秘没有被揭开。

植物心灵感应之谜

英国工程师乔治·德拉瓦尔和他的妻子马乔里一起发现，通过一套棱镜系统把辐射能聚集到患病或发育不良的植物上，可以影响这些植物的生长。直接对植物进行放射，或通过叶子，甚至仅仅是照片，把能量集中成束状射向植物，都可得到同样的结果。这件事，德拉瓦尔本人也弄不明白究竟是设备、照片的辐射，还是某个特殊的操作者，或者是所有这些因素的总和在发挥作用。

接着他们又用这一办法进行了改善土壤的试验。他们选了两块相隔 9 米的土地，照了相，分别种上 4 颗相似的洋白菜。在暗室里，他们对一块土壤的照片每天进行辐射，另一块土壤则未进行处理。一个月后，发现处理过的土壤中的洋白菜一直长得快于未处理的。成熟后比较表明，前者比后者大 3 倍。后来，他又对甘蓝、莴苣、蚕豆和萝卜进行了同样的实验，也都取得了满意的结果。

后来他们又发现，只要把经过辐射处理的物质混入土壤中，也会收到同样好的效果。他们把黑麦、鸭茅等植物的种子和处理过的蛭石按 2 比 1 的重量比例混合起来，种到两个盒子中。在另外两个盒子中，也种上植物种子和蛭石，不过蛭石是未经处理的。虽然土壤条件一样，但放入处理过的蛭石的盒子所长出来的庄稼，产量比普通庄稼高 186%，蛋白质含量高 270%。他们又按每英亩 238 公斤的比例，在一平方米的米尔福燕麦田里混入处理的蛭石，5 个月后收获时，每英亩产量为 2 吨，比未处理过的高 270%。

可是，有人按照他们的方法处理种子，却没有取得什么成果，而只要他们一插手，就获得了成功。这是什么原因呢？他们怀疑起作用的是人的因素。

为了鉴定人的作用，他们又把蛭石混入用盆子种着燕麦的土壤中，让助手每天浇一定量的水，并告诉他们哪盆里的蛭石经过放射处理，哪盆未经过处理。事实上，所有的蛭石都未经放射处理。结果证明，由于助手相信某些盆里含有处理过的蛭石，而长得比其他的快。显然，仅仅是人们认为其会生长得快的意识，对植物也是一种助其快速生长的营养。

美国佐治亚技术学院的米勒博士同在医疗卫生方面取得杰出成就的沃勒尔兄弟一起，于1967年开展了一系列测量植物生长速度的实验。在一块黑麦田里，米勒观察到新叶子的生长速度固定在每小时0.17厘米。后来，他让沃勒尔兄弟于晚9点整开始思考秧苗，结果一到此时指示生长速度的曲线立即指向上方，到第二天上午8时，麦苗的生长速度增加了84%，它不是按原来的速度长高0.16厘米，而是0.27厘米还多。

英国医生弗朗西斯·法雷莉发现，当自己手掌张开走向病人时，自己体内能感觉到病人患病的部位。她说："我开始把自己的大脑当仪器，或仅仅用意识。"从此，法雷莉治病时不仅不用辐射仪，也不要血样、照片等，只要用她的意识去想象病人的状况就够了。她把这称为"共振反射现象。"

不但人与人之间，人与植物之间存在这种"心灵感应"，就是植物与植物之间，也存在这种"心灵感应。"德拉瓦尔夫妇发现，从某株植物上切下的树枝在地下生根后，新生的植物可从"母体"的射线获得营养。如果把母体植物连根焚烧掉后，他们发现没有母亲的树，就不如那些"母体"还健在的树长得旺盛。这一发现也得到了罗达尔的支持。他发现，母体植物即使离其子树很远，也能为它提供"保护"，母树可以在另一个城市、另一个国家或在地球上的任何天涯海角。

英国一位名叫伯纳德·格拉德的科学家曾做过这样一个实验。他从医院里挑选了一位患神经反应迟钝症的26岁妇女，一位患精神忧郁症的37岁男子，还有一位52岁的健康的男子，让他们每人握一杯水，握30分钟，然后用3杯水浇灌植物，看哪个长得更快一些。他发现，正常人握过的水浇灌的大麦的生长速度明显快于神经病患者握过的水或普通水浇灌的大麦，浇灌了精神病人握过的水长得最慢。奇怪的是，浇了神经病患者握过的水的植物，比浇了未经任何处理的正常水的长得要快一些。格拉德注意到，当精神病患者手握密封的水瓶时，他没有任何反应或表情。可神经病患者握瓶时，她立即询问这样做要干什么。当被告之后，她的反应是对此感兴趣，所以，她像妈妈对待孩子似的把瓶子放在膝盖上，慢慢地摇晃着。他得出结论说："获得这一实验结果的重要因素，并非她的基本身体状况，而是她握住瓶子时的情绪。"他指出，处理这种溶液时的压抑、急躁或敌对的情绪，都会使该溶液阻碍植物细胞的增长。

美国斯坦福大学材料科学系主任威廉·蒂勒教授认为，每个人的胸腺控制所有光谱范围内的爱的特征。某实体从胸腺辐射产生的一个场，通过空间传播后被另一实体的对应腺体所接受，这样就激发了该腺体，从而进行一些生物活动。如果第二个实体发射一个相同振动返回给前者，就会在两者之间形成一条爱的意识链。可因为大多数人总是受到压抑，所表达的爱之情感非常有限，因此辐射的能量相当小，传播的范围也受到限制，所以只有少数人能够接收到这种射线，感觉到这种情感。他说："如果实体使自己以极宽的频幅大规模地发射，那么许多的实体将接收到其辐射，感受到其爱心，从而迸发出勃勃生机。"

关于心灵感应，人们已经观察、测量和意识到了，但如何解释这种现象，至今还是个谜。

植物的"发烧"与"出汗"

你知道吗，植物的体温会变化，而且不同部位器官的体温也不一样。

植物的体温为什么会变化呢？原来，植物的生长离不开阳光、空气、土壤里的养分，体温的变化是同外界的条件息息相关的。白天，植物的叶温主要是靠蒸腾作用来调节。当土壤里含水充足时，蒸腾作用较强，叶温降低；而当土壤里水分不足的时候，叶子得不到充足的水分，在阳光下，叶片因失水过多而不得不关闭气孔，蒸腾作用就减弱，叶温就升高了。因此，从观测植物体温的变化，可能判断出农作物是否缺水。

令人吃惊的是，生病的树木与人一样也会发烧。所不同的是，病树早晨发烧的温度往往比其他时候高，而人生病时却往往是晚间发烧厉害，清晨容易退烧。

病树为什么会发烧呢？原来，树木生病后，树根吸收水分的能力就会下降，整个树木得不到所需要的水分，树温就会相应地升高了。

根据病树会发烧这个现象，人们可以根据温度来判断哪片森林有病，从而及时采取有效的治疗措施。

植物不仅会发烧，还会"出汗"。

在夏日的早晨，人们会在许多植物的叶子上看到流出的滴滴汗珠，亮晶晶的，犹如光芒四射的珍珠一般。

许多人会问，难道这不是露水吗，怎能把露珠当汗珠呢？其实，露水固然有，但植物的汗水也是名副其实的。

白天，植物在阳光下进行光合作用，叶面上的气孔张开着，既要进行气体交换，也要不断蒸发出水分。可到晚上，气孔关闭了，而根仍在吸水。这样，植物体内的水分就会过剩，过剩的水从衰老的、失去关闭本领的气孔冒出来，这种现象，植物学上就叫做"吐水"。除此之外，植物还有一种排水腺，叫它"汗腺"也可以。这里也是排放植物体内多余水分的渠道。

植物的"汗"一般在夏天的夜晚流出，有时在空气潮湿、没有阳光的白天也会出汗。化验一下就知道，植物的汗水里含有少量的无机盐和其他物质，它与露水是有区别的。

植物的吐水量因品种不同而有差异。据观测，芋头的一片幼叶，在适合的条件下一夜可排出 150 滴左右的水，一片老叶更能排出 190 滴左右的水，水稻、小麦等的吐水量也较大。

如果说植物的发烧通常是病理现象的话，那植物出汗却是一种生理现象，是为了保持植物体内的水分平衡，是为了使植物能正常生长。

"食人"植物

格·威尔斯写过一个短篇小说，名叫《奇异的兰花》，故事的主人公是威德尔贝林先生。在他的温室里有一株神秘的植物，它的吸根刺进他的身体，贪婪地吸起他的血来。

19世纪末，游历世界各地的一些旅行家就在谈论食人的植物。近些年来，仍不断出现报道食人植物的消息。这样的消息，留住了许多人的目光。最早报道食人植物的是来自19世纪后半叶的一些探险家，其中有位名叫卡尔·李奇的德国探险家，在一次探险归来后说："我在非洲的马达加斯加岛上，亲眼见到过一种能吃人的树木，当地居民把它奉为神树。曾经有一位土著妇女，因为违反了部族的戒律，被驱赶着爬上神树，结果树上8片带有硬刺的叶子把她紧紧包裹起来，几天后树叶重新打开时，只剩下了一堆白骨。"从此以后，关于食人植物的传闻便风传开来，同时关于食人植物的报道也多了起来。

在印度尼西亚的爪哇岛上，还生长着一种名叫"奠柏"的可怕的吃人树，这种树是由许多柔软的枝条构成的。平时，这些枝条是任意舒展着的，一旦有人或野兽无意中触动了其中一根枝条，树就好像得到了警报，并随即动员所有的枝条迅速行动起来，把人或兽紧紧抓住，就像海里的章鱼一样用触手卷住猎

物。同时，枝条便会流出一种胶状的液体，把人或兽消化掉。然后又重新展开枝条，等待着下一次机会。

当地人非但不肯将这种可怕的树毁掉，反而竭力加以保护，因为这种树流出的胶液是一种珍贵的药材和工业原料。然而，采集这种胶液是有生命危险的。当地人想出了一种巧妙的对付办法，他们先用一筐鲜鱼喂给树吃。当树吃饱鱼之后，便像吃饱喝足的懒汉一样，即使有人再去碰它的枝条，它也不愿意动手动脚了。他们就这样采到了胶液。

在巴拿马的热带原始森林里，还生长着一种类似奠柏的"捕人藤"。如果不小心碰到了藤条，它就会像蟒蛇一样把人紧紧缠住，直到勒死。

据报道，在巴西森林里，还有一种名叫亚尼晶达的灌木，它的枝头上长满了尖利的钩刺。人或动物如果碰到了这种树，那些带钩的树枝就会伸过来，把人或动物围起来刺伤。如果没有旁人发现和援助，就很难摆脱这种困境。

植物性别之谜

人有男女之分，动物有雌雄之别。可是植物却不一样，绝大部分植物都是雌雄一体，就是一株植物体上既有雄性的器官，又有雌性的器官。花里的雄蕊和雌蕊就是显花植物的繁殖器官。根据它们的着生部位，显花植物可以分为3大类：一是雌雄同花，如小麦、水稻、油菜等；二是雌雄同株异花，如玉米、黄瓜等；三是雌雄异株，如银杏、杨柳、开心果树等。第三类植物的雄花和雌花分别长在不同的植株上，因此，是有性别的。银杏树就是这样，雌树开雌花，里面长着雌蕊，雄树开雄花，里面长着雄蕊。雌树结果，雄树不结果。如果只有一株银杏树，那就不能传粉，也就无法结出果实和种子来。

在生物世界中，有雌雄异体，也有雌雄同体的，变化现象并不稀奇。动物有变性的，黄鳝的一生，先是雌的，后来又变成了雄。红鲷鱼只能由雌性变成雄性，而雄性却不能变换成为雌性。

植物会不会变性呢？有的，但为数不多。印度天南星就是一个例子。

印度天南星是多年生草本，生长在温带和亚热带地区潮湿的林下或小溪旁。植株有雄株、雌株和无性别的中性株3种类型。有趣的是，这些不同性别的植株可以互相转变，而动物只能变性一次。

植物学家经过观察和研究，发现了一种典型的变性植物。这种植物名叫印度天南星，是一种喜湿的多年生草本植物，在温带、亚热带地区均有分布，常生活在潮湿的树荫下或小溪旁。这种植物不但会变性，甚至一生还能变几次，在长达15年~20年的生长期中，总是不断地改变着自己的性别：从雌性变为雄性，又从雄性变为雌性。

科学家长期研究和观察后发现，印度天南星的变性同其植株体型的大小密切相关，高度在 100 毫米~700 毫米间的植株，都可以发生变性；380 毫米是雄株变为雌株的最佳高度。以 398 毫米为界，超过这个高度的植株，多数为雌株，低于这个高度的植株，多数为雄株。美国波士顿大学植物学家又发现北美洲的一种最普通的树木——红枫树，也有异乎寻常的变性情况。

长期以来，人们猜不透其中的奥妙。据美国一些植物学家研究发现，印度天南星在小的时候没有花，是中性的，以后既能转变为雄性，也能转变成雌性。当印度天南星长得肥大时，常变成雌性；当植物体长得瘦小时，又变成雄性。这是为什么呢？原来，植物像动物一样，在开花结果时，雌性植物因为要繁殖后代，所以需要的营养要比雄性植物多，只有高大的植株才能满足这种需要，所以大型植株多为雌性，小型植株多为雄株。印度天南星的果实较大，消耗的营养比一般植物多。如果年年结果，营养就会入不敷出，结果会使植物越来越瘦小，甚至因营养不良而死去。所以，只有长得壮实肥大的植物才变成雌性，开花结果。结果后，植物瘦弱了，就转变为雄性，这样可以大大节省营养。经过一年"休养"，待恢复了元气，再变成雌性，又开花结果。中性植株的存在，也是由营养条件决定的，当它不能变成雌株或雄株时，就暂时以中性植株生存。

胎生植物之谜

猪、牛、马、兔等哺乳动物以及人类是依靠怀胎来繁殖后代的。你知道吗，植物竟也有"胎生"的。

在我国广东、海南、福建和台湾沿海地区有一种奇特的红树林，它们依靠"胎生"的种子来繁殖后代。身居海滩的红树植物，种子成熟后如果马上脱落，就会坠入海中，被无情的海浪冲去。它们在与大自然长期斗争中，获得了一套适应海滩生活的本领。它们的种子成熟之后，不经休眠，直接在树上的果实里发芽。在红树的枝条上，常常可以看到一条条绿色的小"木棒"悬挂着，这就是它的绿色"胎儿"。

当绿色的"胎儿"从母树体内吸取营养长到了30厘米时，就脱离母体"分娩"了。由于重力的作用，一个个幼小的"胎儿"从母树上"扑通扑通"地往海滩上跳，很快地掉入海滩的淤泥之中。于是，年轻的幼苗有了立足之地，成了独立生活的小红树。

如果幼小"胎儿"从树上往下跳时正逢涨潮之际，它们就会随波逐流浮向别处。一旦海水退去，它们就很快扎根于海滩，向上生长，长成小红树。红树植物凭借着特殊的"胎生"方式，使它们的子孙后代遍布热带海疆。

"胎生"植物除了红树以外，还有纤毛隐棒花、红海榄、红茄冬、秋茄树、桐花树、佛手瓜和胎生早熟禾等植物。

食虫植物进食之谜

　　许多动物以植物为食，这简直是天经地义、妇孺皆知的事实。那么你是否知道还有一些植物以动物为食呢？生命过程发展至今日，植物进化到利用动物获取营养，这是何等的奇妙啊！

　　在美国北卡罗来纳州东部地区的一片沼泽地上，有一只蓝绿色的小家蝇在无聊地徘徊着，想找到什么可口的食物。它见到了一个大"平台"，以为是一处很好的歇脚之地，但当它落在了上面，生命也就终结了。"平台"像是一部自动化机器，一触即发，立即闭合。小家蝇越是挣扎，"平台"关闭得越是迅速、牢固，如一只大笼子，并且有黏液出现，将其牢牢粘住，小家蝇就此

一命呜呼于这个囚笼里。

原来，这就是一种食虫植物，名曰"捕蝇草"。"平台"其实是连接在叶柄上的两个月牙形的裂片，每个裂片边缘具有 10 根~25 根尖刺般的刚毛，裂片闭合时，刚毛交互紧锁在一起，宛如一对"魔掌"，每个裂片内侧有 3 根或更多的激发刚毛，这种刚毛不同于裂片边缘刚毛，它们就像按钮一般，昆虫或其他小无脊椎动物触动了"按钮"后，裂片立刻迅速紧闭，它们休想再逃脱出去。激发刚毛受到刺激后，还会促使叶子分泌黏液，一来粘住猎物，二来消化猎物。经过几天的消化，叶子逐渐张开，营养物质被吸收殆尽。余下的是一些难以消化的昆虫的翅膀、外壳，风雨把这些残留物清理干净后，捕蝇草又将等待品尝下一顿美餐了。

常言道：弱肉强食。这是大自然中无时无刻不在发生的现象。但是，自然界就是这么令人无法想象，上述例子中，被捕食者是动物，捕食者是植物。对食虫植物的关注，早有一些民间传说和科学研究。在对食虫植物不了解的时候，人们一直极为好奇，甚至有食人植物的传说，对这类植物产生了恐惧感。在达尔文之前，已有几位学者对食虫植物进行了描述，达尔文则是对此最感兴趣的学者之一，他的专著《食虫植物》，在科学史上占有重要地位，可以说是食虫植物研究的经典和"开山"之作。

目前，已知食虫植物初步统计约有 500 多种。食虫植物也具有根、茎、叶和花，与其他植物并没有特别不同的地方。那么它们又是怎样捕捉和摄食昆虫的呢？奥秘在于"捕虫器"上。"捕虫器"是这种植物叶的一种表态，形式多种多样：猪笼草的叶在延长的卷须上部扩大成一瓶状体（捕虫袋），上面还有半开的盖子，在瓶口附近及盖上生有蜜腺，用来引诱昆虫，使它们跌入"陷阱"；茅膏菜的捕虫叶则为匙形或球形，表面长有突出的腺毛，腺毛的顶端分泌黏液，当小虫触动叶片上的一些腺毛时，其他腺毛同时卷曲，将捕获物团团围住；生在水中的狸藻，它的"捕虫器"也很有特色，在它羽状复叶小裂片的基部生有一个球状的捕虫囊，小囊平时呈半瘪状，它有一个可以开合的口，周围有触毛。当水中小虫碰到这些触毛，小囊就迅速鼓大，小虫随着水流吸进囊内，囊口也立即关闭，挡住小虫的出路。

捕虫器能够捕虫，还有一点是在于它能分泌一种胶性很大的液汁，昆虫一旦碰上，粘在上面再也休想逃脱。科学家们还发现，这种液汁里含有胺类物质，对昆虫有强烈的麻醉力，可以使昆虫昏迷无力而无法挣脱羁绊。昆虫被捉住以后，捕虫器内的腺体还会分泌出消化液，它含有分解蛋白质的蛋白酶，使虫子被消化解体，从而被植物"吃"掉。食虫，只是食虫植物营养的补充来源，因为它们有根、茎、叶，可以靠自己制造养料而生活下去。既然这样，它们为什么又要捕虫吃呢？原来这种植物生活在缺氮的贫瘠环境里，经过长期演化，形成了用来捕虫而特化了的叶片——捕虫器。

不仅种子植物中有食虫植物，在真菌这样的低等植物中也有食虫植物。如少孢节丛孢菌，它以菌丝形成菌网或菌技，在它们的表面上分泌出一种黏液可以粘住线虫，然后又用菌丝侵入线虫的身体里面，吸食线虫体内的营养。食虫真菌约有50多种，它们主要以捕食线虫、轮虫、纤毛虫、草履虫、变形虫等原生动物为生。

食虫植物不仅可以当作观赏植物，也可以用来捕捉苍蝇、蚊子等害虫。在瑞士、丹麦等国家还用捕虫草来做奶酪，将它的叶片放进桶里，然后装满牛奶，牛奶便凝固成为奶酪。目前有不少国家在大面积利用食虫真菌来防治各种作物的线虫病，也已取得很大进展。

跳舞草"跳舞"之谜

提起跳舞草，人们一定觉得很奇怪，人会跳舞，动物会跳舞，难道植物也会跳舞吗？会的。

在我国南方，有一种草叫长叶舞草，是多年生长的草本植物，属豆科山蚂蟥属，有一尺多高，在奇数的复叶上有3枚叶片，前面的一枚大，后面的两枚小。这种植物对阳光特别敏感，当受到阳光照射时，后面的两枚叶片就会马上像羽毛似的飘荡起来。在强烈的阳光下尤其明显，大约30秒钟就要重复一次。因此，人们把这种草又叫"风流草"和"鸡毛草"。

长叶舞草还有一位"姐妹"，叫圆叶舞草，它的舞姿更加敏捷动人。这种草分布在印度、东南亚和我国南方山区的坡地上。

除跳舞草之外，还有会跳舞的树。在西双版纳的原始森林里，有一种小树，能随着音乐节奏摇曳摆动，翩翩起舞。当有优美动听的乐曲传来时，小树的舞蹈动作就娴娜多姿；当音乐强烈嘈杂时，小树就停止了跳舞。更有趣的是，当人们在小树旁轻轻交谈时，它也会舞动，如果大声吵闹，它就不动了。

这种草跳舞的奥秘是什么？这一直是植物学家们探讨的问题。对这种现象，科学家们有各种不同的解释。有人认为这是由于植物体内生长素的转移，从而引起植物细胞的生长速度的变化造成的。也有人认为是由于植物体内微弱的生物电流的强度与方向变化引起的。这都是从植物内部找的原因，也有人从外部找原因。有人认为，因为这种草生长在热带，怕自己体内的水分蒸发掉，所以当它受到阳光照射时，两枚叶片就会不停地舞动起来，极力躲避酷热的阳光，以便继续生存下去。这是它们为了适应环境，谋求生存而锻炼出的一种特殊本领。也有人认为这是它们自卫的一种方式，是阻止一些愚笨的动物和昆虫的接近。

关于这种草跳舞的真正原因是什么，至今还没有一致的意见。

香蕉繁殖之谜

　　香蕉是人们普遍喜爱的果品之一，由于它的植株长得又粗又高，有的可超过 10 米，往往被人们认为是一种树。其实，这是一种误解。

　　香蕉是生长在热带地区的单子叶植物芭蕉科芭蕉属的多年生草本植物。香蕉真正的茎是地下的块状茎，贮存丰富的营养物质，无论是根系、叶片、花轴还是吸芽都是从这里长出。至于地上的树干部分，是由叶鞘相互包裹所成的假茎，每一片新叶，都从中心部分的地下茎伸出。当出现最后一片叶时（从幼苗起可抽出 40 片左右叶片），由假茎中心伸出花轴及花序。

　　尽管香蕉的假茎显得粗壮而直立，但茎内没有坚硬的木质部，木质化细胞极少甚至没有，因而茎干不像木本植物那样坚硬直立，一般都是较软的。香蕉也不像木本植物那样能逐年生长加粗。它一生只结一次果，在生长季终了时，其地上部分逐步枯死，翌年再从母株地下茎抽出吸芽生长。所以香蕉并不是树，而是一种多年生的草本植物。

　　香蕉果实香甜可口，是水果中的佼佼者。可是人们在吃食用时，却会发现香蕉没有籽。

　　在植物界里，有花植物开花结籽是自然规律。香蕉是有花植物的一种，每只香蕉都是由花序上的一朵花发育而来的，花的子房发育成果实，子房里的胚珠应该发育成种子啊，可香蕉果实中的种子哪儿去了呢？

　　原来，香蕉的类型很多，根据细胞染色体组的数目，可分为 2 倍体、3 倍体和 4 倍体 3 种。人们吃的香蕉，多是 3 倍体类型。这种香蕉的细胞内有 3 组染色体。在形成雌雄性细胞（即精子和卵子）时，细胞要进行一种特殊的分裂即减数分裂，由于这 3 组染色体不能平均分配，形成有效的性细胞，因此不能正常受精。这样，凡是具有 3 组 33 个染色体的香蕉，就不产生种子。其实，平常吃的这种香蕉果肉里，那一排排褐色的小点，就是没有得到正常充分发育而退化的种子。

像香蕉这样，植物胚珠不经过任何的受精作用能够坐果，并发育为无种子的正常果实，在植物学上称为单性结实。

植物界中这种现象是比较普遍的，特别是在每个子房有大量的胚珠的植物中，例如香蕉、凤梨（菠萝）、番茄、甜瓜和无花果等。人们推测在这些种类的子房中，其胚株可能产生一些刺激坐果和果实生长的化学物质，因而在没有正常种子发育的情况，仍然能发育成正常的无籽果实。

香蕉的野生祖先是靠种子繁殖的，因为它们细胞中的染色体都是 2 倍体、4 倍体，能正常受精结实。但结出的种子又多又硬，而果肉却不发达，无食用价值。由于种种原因，个别植株或枝条发生突变，结出无籽果实。人们发现这些无籽果实，采用营养繁殖法把它保存下来，经过长期的栽培选育，就形成了现在这种天然 3 倍体的香蕉。

由于香蕉不结籽，不能用种子繁殖，所以一般用分株法，即利用母株根际发生的叫作吸芽的蘖芽进行繁殖，也有用分割母株块茎的方法进行繁殖的。

神 秘 果

在西非的热带森林里生长着一种有趣的植物，叫做神秘果。它是山榄科植物，为高达 4 米左右的乔木，结一种长椭圆形的果实，差不多同花生仁大小。果皮是红色的，里面有一个大的种子和少量带甜的果肉。

从果实的外观和味道来看，看不出这种果实有什么"神秘"之处，为何给它起这么一个名字呢？原来神秘果可以引起人的味觉变化。当你品尝一下它的果肉，开始感觉不出有何奇特之处，可是过了大约 4 小时以后，你的味觉神经末梢对食物味道的反应就会发生变化。这时你无论品尝很酸的柠檬或是很苦的野生苦橙子，都感觉不出原来的酸味或苦味，而是甜味了。神秘果的"神秘"就在于此。

这是怎么回事呢？科学家对神秘果的果实进行了化学分析，发现它里面含有一种属于糖朊的物质，正是这种活性物质才引起了人们的味觉暂时发生了变化。其实，柠檬的酸性和野生苦橙子苦的本性并没有改变。

近年来，非洲一些地区已建立神秘果的大型种植园，还有一家公司用它的果实作成丸剂出售，吃起来同新鲜果实的味道很相似。这种果实的应用是糖尿病患者的福音，它既能满足人们对甜食的需要，又不致因糖分过多而影响健康。在我国云南省热带植物研究所已引种了神秘果。

发芽的土豆

马铃薯又叫洋芋、土豆。它是茄科、茄属植物，为一年生草本，株高30厘米～100厘米。块茎扁球状或椭圆状，叶为不相等的奇数羽状复叶。伞房花序，顶生，花小，花冠辐状，白色或蓝紫色浆果。马铃薯原产于热带美洲的山地，现广泛种植于全球温带地区。

人们食用的土豆有许多凹陷，称为芽眼。在芽眼内有一组腋芽，在块茎的顶端有顶芽。芽眼在块茎上呈螺旋状排列，每个长芽眼的地方相当于茎上的节，两个芽眼之间相当于节间。

在土豆贮藏期间，如果温度较高，顶芽和腋芽很容易萌发。发芽时，在出芽的部位产生许多酶，酶是生物催化剂，能使贮藏的物质分解，转变为供应芽生长的物质。在这个物质转化过程中，产生一种叫做"龙葵精"的毒素。人若吃了发芽的土豆，这种毒素会使人出现恶心、呕吐、头晕和腹泻等中毒症状，严重时还会造成心脏和呼吸器官的麻痹，使人死亡。

当土豆刚刚发芽，芽还生长得不大时，可以将芽和芽眼挖掉一块，其余部分还是可以吃的，因为这时的毒素还集中在芽眼及附近的部分，毒素还没有扩散。在发芽时，一般是顶芽先萌发，靠近顶芽的芽眼中的腋芽次之，如果顶芽长得较大，后部的芽还未萌发，可以将土豆顶部切除。虽经上述处理仍会残留一部分毒素，但可以在水中多泡一些时间，加热时再多煮一会儿，使残余的毒素尽量破坏掉。但是，如果土豆的芽长得太大，毒素已经扩散到整个块茎，就不能吃了。发芽的土豆或削下来的土豆芽也不要用来喂家畜，以免中毒。

要解决土豆发芽的根本措施是搞好贮藏工作。如果温度控制合适，贮藏得当，就能防止土豆发芽。

接骨草和接骨木

据说我国有个哈尼族医生，一天中午正在山路边一棵大树下休息，突然看到一条大蜈蚣爬过来。他怕它咬自己，就拔出长刀把蜈蚣砍成了两截，这条蜈蚣的两截还在挣扎和蠕动着。过了一会儿，发现另一条雄蜈蚣又爬过来了，原来被斩的那条是雌的。雄蜈蚣显出非常着急的样子，爬入草丛噙回一片嫩绿的叶子，只见雄蜈蚣把雌蜈蚣尸体的两段连在一起，并把这片嫩叶盖在接口的上面，过了将近一小时，奇迹出现了，那条被砍成两截的雌蜈蚣竟然连接起来了，并慢慢地活动起来。最后，它与雄蜈蚣一起爬进了草丛。哈尼族医生从地上拾起那片遗留在地上的嫩叶，认出了这种植物，并采了很多这种植物的叶子带回山寨。这位医生将叶子捣碎，然后用鸡做实验，把鸡腿打断，再用这种草药敷在鸡腿上并包扎好。3 天以后，解开一看，鸡腿骨果然连接起来了。于是这位哈尼族医生就用这种能接骨的草药治愈了许多骨折的病人。

能接骨的植物确实是有的，这并不是神话传说。忍冬科接骨木属的接骨草和接骨木对骨伤的愈合有作用。接骨草又叫陆英，是草本或半灌木。叶子是对生的，奇数羽状复叶，小叶长椭圆状披针形，边缘有细锯齿，叶揉之有臭味。6~7 月开白色小花，聚伞花序顶生。浆果状核果，熟时由红色变为黑色。接骨草能活血散瘀，消肿利尿，祛风活络，续骨止痛。它还用于治疗传染性肝炎。接骨木外形和接骨草很相似，但为灌木或小乔木。接骨木的叶子也用于治疗跌打损伤、骨折、风湿痛及水肿等。

接骨草生于村边、路旁阴湿肥沃的土壤或灌木丛中。分布于我国华北、华东、华南、西南及陕西、甘肃、宁夏等地。接骨木生于山坡灌丛或沙滩上，分布于东北、华北及陕西等地。

植物种子旅行记

那些必须在大地表面旅行的种子有许多奇妙的方法。最低级的黏性孢子是靠蠕动旅行的，也就是说，它们像溢出的糖浆那样向外渗透；最高级的种子靠动物的脚或皮毛去旅行。最高级的种子有的能抓住鸟的羽毛和爪子去免费旅行；有的钻进鸟和动物的肚子去旅行，那里可真是太暖和了，可是那里也太闷热了。松鼠搬运和埋藏了许多树木的果实，比如，核桃、松子和栗子等，这样，它们也就带着树木的种子到各地去免费旅行了。人们都管蚂蚁叫大自然的搬运工，它们吃苦耐劳，每天不知道搬运了多少种子，把它们运到各地开始新生活。

靠动物皮毛去旅行的种子就必须有一种能抓住动物皮毛的工具。你想一想，如果你骑在狐狸尾巴上，它忽然听到猎狗的叫声；或者，你骑在兔子的背上，它忽然听到了狐狸的叫声，这该有多么危险！因此，这类种子就要为这种最奇怪的旅行做好准备，它们准备了许多爪子、钩子、夹子和芒刺。

人们到郊外去旅游或到远郊去爬山回来后，都要花好多时间从袜子上摘下"鬼针草"和苍耳等植物的种子。它们骑着你们的腿进行了一次旅行，来到了新的地方。

如果有机会到非洲去打猎，就会发现一种能紧紧抓住别的东西的植物。这种植物的种子都长着鬃毛一样的手臂，手臂的一端还有能紧紧抓住狮子皮毛的爪子。看它们有多么勇敢！就骑在狮子的鬃毛里，距离狮子的血盆大口只有一米多远。胡麻的种子就长着很长很长的钩子，可以缠绕在马的尾巴上。

另外，那些靠着鸟类羽毛旅行的种子往往是黏的，因为羽毛太光滑了，种子很不容易抓住它们。这些黏糊糊的种子黏在鸟的脚上、尾巴上，有时竟然能够从黑龙江飞到海南岛。有许多鸟一天可以飞行几百公里，飞过了高山和海洋，因此骑在鸟背上旅行的种子要比任何其他种子都更幸福。

有些种子还会钻到鸟类和动物的肚子里去旅行。你们知道吗？这样的种子都包在很香很甜的水果里面，比如，桑葚、草莓、西瓜等。它们的外壳必须非常坚硬，就像个小木盒子，或者像小沙粒，这样才不会在鸟的沙囊里被磨损，才不会在动物的浓酸的胃液里上下翻滚时被毁掉。因为它们受到这样精心的保护，所以水果核中的核仁就不会受到伤害了，就可以顺利通过鸟和动物的肠胃落到远离故乡的地方，开始新的生活。

黑色的花

如果你仔细观察，便会发现，在大自然中万紫千红、色彩斑斓的花海中，很少见到黑色的花朵。这是为什么呢？

首先，这与光的特性有关。光的波长不同，所含热量也不同：红、橙、黄光的波长长，含热量高；蓝、绿光的波长短，含热量少。红、橙、黄花反射了含热量高的长光波，可生长在阳光强烈的地方；蓝花反射短光波。这样，它们的花瓣都不致引起灼伤。而黑花能吸收全部的光波，热量过高，花组织易受到伤害，经过长期的自然淘汰，黑花便消失了。

其次，这与昆虫习性有关。自从被子植物出现后，昆虫也繁殖起来。许多植物靠昆虫传粉受精。与其他颜色的花相比，黑花醒目、不鲜艳，不大容易吸引昆虫，难以完成传粉受精过程，不利于传宗接代。因此，从进化角度看，黑花容易被淘汰。

第三，这与花瓣内的化合物成分有关。植物的细胞液内都含有由葡萄糖变成的花青素。花朵呈现出的颜色与花青素特性有关：在酸性时，呈现红色，且酸性愈强，颜色愈红；在碱性时，呈现蓝色，碱性较强则成为蓝黑色，如黑牡丹、墨菊等；在中性时，呈现紫色。此外，另有一种色素为胡萝卜素，它一般呈黄色、橘黄色、橘红色、红色。至于白花，则细胞液内不含色素。也许是长期自然淘汰的结果，细胞液内表现为黑色的化合物存在较少。

正是由于以上这些原因，使黑色花很少见到。然而，人类常常会创造奇迹。就拿郁金香来说，1986 年 2 月 18 日，荷兰园艺家古尔特·哈格曼历经 6 年，终于培育出黑色郁金香，实现了几代园艺家的梦想。由此可见，人类通过栽培和育种手段，可以为大自然中的百花园增色。

树会"灭火"之谜

　　有一年，一位名叫安德森的冒险家到非洲丛林中探险。当他来到安哥拉西部的密林中时，天色已经暗了下来。

　　安德森想就地宿营，于是便砍了一些枯枝准备生火。不料，当他点着火柴，准备引火时，一股白色浆液劈头盖脸朝他喷来，弄得他满头满脸都是浆水，非常狼狈。安德森被弄得丈二和尚摸不着头脑。等他向人打听清楚后才知道，这白色的液体是一种叫梓柯的植物，在遇到火光或阳光时喷出的"灭火剂"。梓柯是常绿乔木，它高大挺拔，枝叶繁茂，细长的叶片垂挂下来，将整株植物遮得严严实实。一旦树叶被阳光或火光照亮，长在树上的一种叫节苞的结构里，便马上喷出液体来。这节苞并非果实，而是一种自卫的武器。它有皮球般大小，表面布满了网状孔，必要时，孔内能喷出用来灭火的液体。科学家曾做过这么一个小实验：他们在梓柯树下用打火机试着点烟，节苞的小孔内马上就喷出了灭火剂。梓柯树的节苞喷出的液体含有什么成分呢？植物学家的回答令人惊异：那液体内居然含有能灭火的四氯化碳。

树会"下雨"之谜

雨树，顾名思义，就是能够落雨的树。

这种树的叶子长约 40 厘米，晚上卷成小团，把水汽凝结在里面，一夜间可饱吸 0.5 千克~1 千克的水，待第二天太阳出现后，叶子便慢慢展开，常常会把水滴洒在路人身上，不知情者还以为是下雨呢。雨树在我国西双版纳地区也有生长，不过下的"雨"要少些。

在多米尼加，当地人家家都在门口栽着一种名叫"雨蕉"的树木。栽"雨蕉"的目的何在呢？人们说："要知下雨不下雨，先看雨蕉吐水不吐水。"原来，雨蕉的表皮组织非常细密，好像涂上了一层防雨衣。将要下雨前的空

气湿度大，水蒸气接近饱和，植物的蒸腾作用受到了抑制，植物体内的水分只好从叶子上排出来，因此在下雨之前，总有水滴不断流下。看雨蕉的叶子是否流出"泪珠"，就可知道天会不会下雨。显然，将雨蕉当做"晴雨表"用，是当地人爱栽此树的一个重要原因。

如果说雨树、雨蕉的"降雨"是有科学道理的话，那有些树的降雨一时竟难以给予解释。

浙江省云和县丰村小学门口，生长着一株已有百年寿龄的黄檀树。此树高约 16 米，径周 140 厘米，秋天落叶。1985 年夏，该地区干旱少雨，然而此树却从 7 月初起自己降起"雨"来。最有趣的是，天气越晴，太阳越厉害，"雨"下得就越大。在中午时分，人站在树上，就会感到绿豆般大小的雨点不断地落在身上，只要几分钟，全身便淋湿了。这一奇景曾引来无数围观的人群。据观察，"雨水"来自树枝和绿叶上，但原因不明。

在大新县珍贵动物保护区内也有一棵奇树，树干挺直，高 10 米有余，树冠形如雨伞，树叶生长茂密，遮盖面积有 60～70 平方米。此树常年有雨滴洒落，在酷暑之时，也会有霏霏细雨喷下来，当地群众称它为"喷雨树"。为什么此树能"喷雨"，人们正在研究中。

树会发"炮弹"之谜

有些植物会发"炮弹"，这是十分高明有趣的传种方法。

喷瓜是葫芦科喷瓜属植物。它是一种著名的会发射传种"炮弹"的植物，原产地中海地区，在我国有栽培。喷瓜的果实为圆柱形，长4厘米~6厘米，果实外部有粗糙毛。当果实成熟时自果梗处断裂，自断裂处喷出棕色种子。有趣的是，凡是垂地的果实，其果柄都是倾斜向上，与地面成40度~60度夹角，可将种子喷射出数米甚至12米以外的地方，使数十枚种子遍撒在30平方米左右的面积上。

含羞草是豆科含羞草属植物，是人们所熟悉的观赏植物，也是一种药用植物。秋季开淡紫红色的花，组成圆头状花序，在开花之后，能形成几个2厘米~3厘米长的荚果。等种子成熟时，就变成一包"炸药"。这时，只要有只昆虫轻轻地碰一下果壁，荚果里面卷曲得像钟表发条似的分荚片，会把种子弹射出好几米远。

豆科植物的许多种类都有在种子成熟时能炸裂的特性，例如大豆、绿豆、赤豆等。这些植物当种子即将成熟时要及时收获，否则就会造成经济损失。

在南美洲有一种叫沙箱树的植物，它的果实在成熟后会像炸弹爆炸一样发出巨响，种子向四方飞射出来。如果人们遇上它"爆炸"，未及防备，极易受伤。

大森林里的树木笔直之谜

如果请你画一棵树，你一定会画得枝干纵横，叶子稠密，树冠团团，像个宝塔，也许还长条拂地，迎风摇曳哩。

的确画得不坏，随便到哪里去看看，树木不是都长得这样吗？

倘使有人也画树，但他画的树又高又直，没有纵横的枝条，只在顶上有那么一小段长着树枝和树叶，看上去仿佛在一根电线杆顶上扎了一把伞。你可能会看得哈哈大笑，这还像树吗？

可是别笑，有这样的树。要是只有云杉、红松、杉树、松树等组成的原始的纯针叶林，那么，在你眼前的，就只有一根根粗大的木柱子，非要你仰起头来，才能看到枝叶，而这些树木的枝叶，就只有小小的一簇，盘踞在高

高的树顶上，跟你看见要笑的那张画上的怪树一样。

这是怎么一回事呢？是谁把它们的枝条砍得那么光光的呢？其实谁也没有来砍过这些树的枝条，这些枝条是树木本身落掉的。

原来，树木的生长，首先必须依靠阳光。哪一棵树能够在没有阳光的照射下，长久地生存下去呢？许多树木挤在一起生长时，得到阳光的机会，自然比单独生长的树木少，但是生存是一切生物的第一要求，于是树木都争先恐后地向上长，都想多得一些阳光。然而在一定面积上，阳光给予的能量是有限的，使得树木不得不改变它的生长状况，以适应自然环境。

在众树密处的森林里，大量的枝叶既影响通风，又得不到充足的阳光，因而不能给树身制造养料，在消耗了枝叶本身的养料以后，就自然而然地枯死了，掉落了。这种现象叫做森林的自然整枝。

可是树顶部分的枝叶，在同其他树木作了竞争以后，大家均匀地长到相差不多的高度，在那样的高处，有着充足的阳光照射，根部又源源不断地送来水分与无机盐，使它紧张地制造着整棵树所需要的养料，因此这一部分生命力强，生长得好。

一定的自然环境，往往会赋予各种植物以一定的外形（生活型）。森林里的树木，大都长得很直，而且只有树梢一段有树枝和树叶，也是森林的自然环境造成的，如果让它享有充分的阳光，有足够发展的空间，它就决不会是那样了。

绞杀植物

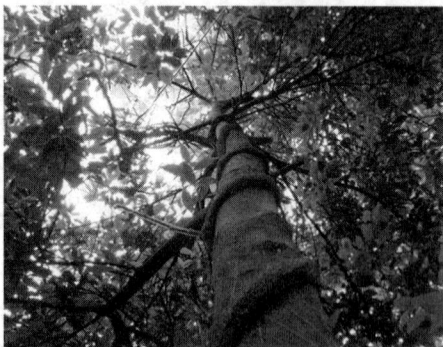

在自然界里，动物间的相互残杀是常见的事。可是在植物王国里也有大树"杀"小树，藤本植物"杀害"大树的事发生。这些植物可以说是森林中的"杀手"。

细叶榕是一种常见的绞杀植物。它的种子被小鸟、蚂蚁带到其他树的树皮上。这些种子有着高超的本领，不用入土就可萌芽、长根，作为附生植物在寄主植物上发育生长。众多的气生根沿树干边伸长、边加粗，纵横交错，联结成网状，紧紧包裹住寄主的树干，使树干不能正常输运营养液。不仅如此，它们还依靠扎入土中的气生根和附生根，拼命地夺走寄主的养料和水分。细叶榕繁茂的枝叶穿过寄主的树冠，与寄主争夺阳光，最后，它的树冠变得庞大和浓郁，反而遮盖在寄主的树冠上。寄主植物被弄得精疲力竭，渐渐枯萎，最后被绞杀，而绞杀植物却根深叶茂，欣欣向荣。

在我国热带森林中，最常见的绞杀植物还有钻天龙、黄葛树、歪叶榕等。这类树外表好看，可所作所为却是森林中的恶魔！

植物螫人

大家都知道会螫人的动物有蜜蜂、大马蜂、蝎子等，它们螫人的武器是尾部的针刺和毒囊。但是你是否知道，有些植物也会螫人。荨麻、大蝎子草等草本植物以及台湾的咬人狗、海南的火麻树等，这类植物的茎叶都具有尖利的刺毛，刺毛触及人或牲畜的皮肤，使人畜十分痛痒难受，有的甚至会引起儿童或幼畜死亡。

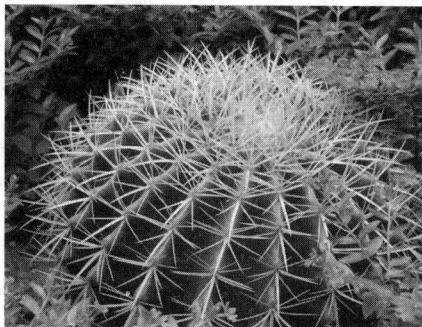

为什么这些螫人的植物的刺毛会那么厉害？原来，它们既有针刺，也有分泌毒液的机关。这些植物利用这些手段来抵御大自然的侵袭，或阻止动物的伤害。

如蝎子草把毒素和刺毛这两种防御武器相结合，产生了更为有效的自身防护。蝎子草叶子上有许多刺毛，谁要侵害它，它就毫不客气地戳入"入侵者"，同时注入蚁酸、醋酸、酪酸等混合毒液，使"入侵者"疼痛难忍。

我国有多种会螫人的植物，人们要特别留神，千万别让它们伤害了。万一被螫人植物螫伤，那得赶快用肥皂水冲、洗或在伤处涂抹碳酸氢钠溶液。如皮肤痛痒被抓破，可用浓茶或鞣酸湿敷伤口，以防止感染。

笛树奏乐

当你来到南美洲安第斯山北麓，就能听到一阵阵清脆悦耳的笛声，那是谁在演奏呢？原来，这是一种会奏乐的树发出来的声音，当地人叫它"蒲甘笛树"。这种树要10个人手拉着手才能把它围起来，树荫十分浓密，片片叶儿都像喇叭似的，好像挂在树梢上的千百万枝笛子，在风的吹奏下发出优美动听的乐曲。有趣的是随着风的大小和方向的变化，曲调和节奏也会发生变化。当微风吹拂时，它低头呻吟；狂风劲吹时，它山摇地动；风雨交加时，它发出密如连珠的鼓声。

笛树为什么会奏乐呢？人们在它的喇叭状的叶子上找到了秘密。叶子的末端有个小孔，由于叶儿大小不一，叶孔也就各异了，不同强度的风吹过这些小孔时，就发出各种高低长短不同的声音，形成了抑扬顿挫的声音。

非洲还有一种会吹笛的荷花，人们叫它"水笛荷"。它的花朵巨大，花的基部有4个小孔，气孔内壁覆盖着一层花膜，只要有微风吹来，就会发出各种音响。

植物欣赏音乐之谜

在印度有一名叫辛夫的植物学家，他经过多年的试验，发现音乐对植物生长有促进作用。

辛夫让一名叫库马里的艺术家，用七弦琴对他花园里的凤仙花演奏一种叫"拉佳"的音乐，库马里按照他的吩咐，每天对凤仙花弹 25 分钟的琴，连续 15 周从来未间断过。结果，奇迹出现了，听了"拉佳"音乐的凤仙花比邻近的同类凤仙花生长迅速，这些花的叶子平均比一般的花多长了 72%，而平均高度也增长了 20%。

辛夫还对不同的花和蔬菜做了相同的试验，结果表明，声波能促进这些植物开花、结果，增加产量。植物有欣赏音乐的本领。

1960 年～1963 年，他还在附近的 7 个村庄田地里，做了一个大面积试验，他用广播器对 6 种水稻播放"拉佳"，结果，这些田里的水稻比其他田里水稻平均产量增加了 20%～60%。

他还以同样的方式对花和烟草做了试验，结果产量比一般田里增产近 50%。辛夫还意外发现，音乐不仅能刺激烟草生长，而且烟叶中的尼古丁含量也大大提高了。

在美国，一名叫罗西·里克莱克的歌唱家，发现植物在"听"音乐时，有各种各样的反应。

她做了一个有趣的实验，把玉米、小麦、天竺葵等分别放在 3 个房子里，让第一个房子里的植物沉默地生长，第二个房子里的植物每天让它不停地听一首 F 调乐曲，第三个房里的植物每天仅仅间断地对它放 3 个小时相同音乐。两周后，第二个房子里的植物全部枯萎，而第三个房子里的植物，不但没有死，而且比第一个房子里沉默生长的植物要健壮得多。

这个试验告诉人们，植物和人一样，生活中需要音乐，但是，过分地、过强地听音乐，也会置它们于死地。

当你看了上面叙述后，也许是采取无所谓的态度，管它有什么结果，反正与我也没有什么关系。但是，美国普尔市比尔大学生物系的两名学生对此却发生兴趣。他们用 8 个月的时间，对西葫芦做了试验，想亲眼看看音乐对植物究竟有多大影响。

他们在两个屋子里都放好生长着的西葫芦，在西葫芦旁边各放一部收音机，分别对它们播放丹佛市广播电台传送的激烈摇滚乐和优雅的古典音乐。结果发现，听古典音乐的西葫芦的藤蔓朝收音机方向爬去，其中一株甚至把枝条缠绕在收音机上，好像是和收音机亲密拥抱；而听摇滚音乐的那些西葫芦藤蔓，却背向收音机方向爬去。

这两个学生的试验，又反过来启发了歌唱家里克莱克，她用金盏花做了相同的试验，两周后，所有听摇滚乐的金盏花都死了。18 天后，她对两组金盏花的根进行了检查，发现死的那组花的根是稀稀拉拉的，而另一组听古优雅音的金盏花的根部是粗壮发达的。

植物的"心理活动"

前苏联心理学家维克多·普什金，经过多年的研究，发现植物和人一样，也有某种"心理活动"。他的实验方法大致是这样的：先用催眠术控制一个人的感情，再把脑电仪与植物相连接起来，然后对试验者说些愉快的事或懊恼的事，使他高兴或者悲伤，这时，脑电仪的图像显示，植物和试验者产生了类似反应。

科学家还发现，植物还能预感到一些事情，如在暴风雨来临前，植物的叶子和茎就会出现一些异常的现象。

20世纪以来，许多国家的科学家对植物进行了大量的研究工作，发现和积累了不少现象和经验。但许多现象不能从理论上加以解释。他们甚至还认为，植物也有"头脑"（或者说神经），植物不仅能表露感情，还能忍受痛苦、饥饿、干渴等。莫斯科农学院的实验人员把植物的根部放到热水里，就能"听"到仪器中立即传出的植物绝望的"呼叫"。

另外，他们在研究植物时，发现有些物种能共生，有的则完全不能和平共处，比方说：洋葱和胡萝卜，大豆和蓖麻，玉米和豌豆……相处就很和睦，而水仙和铃兰、黄瓜和番茄、荞麦和玉米、高粱和芝麻等就是水火不相容，不能一块儿生长，根据这些现象，他们认为植物之间还存在着爱和恨。

当然这些说法只是他们的意见，至于植物是否真正有心理活动，真的有爱和恨，这恐怕还是一个有待揭开的谜。

洗衣树

位于地中海南岸的阿尔及利亚有一种能代劳洗衣的树，叫"普当"，意思是"除去污浊的树"。它是一种生长在碱性土壤中的常绿乔木。

普当树枝粗叶阔，浑身赭红，外皮平整无皱，那粗壮的树干，远远看去犹如红漆的柱子。令人惊奇的是，树皮上长着许许多多的细孔，并且会分泌出一种黄色的液汁。这种液汁含有较多的碱质成分，是一种优质的洗涤剂，有着良好的除脂去污的增洁作用。

这种黄色液汁是怎么形成的呢？原来，阿尔及利亚暑热冬暖，树叶的蒸腾作用极大，为了补偿失去的水分，树根必须从土壤中吸收大量的水分，而那碱性很重的土质给它的生理活动带来了极大的危害。为了适应这一环境，它不得不在自己身上形成了许多奇特的细孔，专供排碱用。人们利用它排出的黄色液汁来洗衣服，只要把衣服捆在树上，几小时后用清水轻轻漂洗一下，衣服上的污垢就没有了，非常干净。所以，当地人们都亲切地称它为"洗衣树"。